Carosello

HOLT, RINEHART AND WINSTON   New York • Toronto • London

Janice M. Kozma

University of Kansas

Carosello   A CULTURAL READER

Library of Congress Cataloging in Publication Data
Main entry under title:

Carosello : a cultural reader.

   1. Italian language — Readers. 2. Italian language
— Composition and exercises. I. Kozma, Janice M.
PC1115.C34   458'.2'421   77-23118
ISBN 0-03-017926-2

   9 0 1   039   9 8 7 6 5 4 3

Acknowledgments for the use of the materials appearing in
this book are at the end of each selection.

Cover and drawings by Paul Schmidt except for those on pages
60–61, 89, 102, 132, 148 and 149.

Photographs by Janice M. Kozma except for those on pages 17
(Helena Kolda) and 33 (Simone Oudot).

Contents

Preface

Carosello is a cultural reader that includes selections on films, food, television, commercial products and other daily-life topics taken from newspapers, magazines, and light prose and poetry.

Carosello can be used in the first year as soon as the elementary student has mastered the basic verb forms. The footnotes are extensive; the end vocabulary is complete and includes all infinitives and irregular forms. The chapters form a loosely organized pattern of readings and visual material of uniform level throughout the text. If the instructor thinks it appropriate to cover the last chapter before the first, the student will not find the readings too difficult. Exercises geared to the elementary student, follow each selection and are directly related to that reading passage. They are simple and, as the classroom situation dictates, can be upgraded by the instructor (for example, by asking the student to plan a debate on a suggested topic, to write a synopsis of a specific reading in ten short sentences, to change all verbs in a given exercise to a more difficult tense than the one called for in the directions, etc.). Thus the exercises in their present form do not go beyond the range of the elementary students who will be using the reader. Photographs and sketches illustrate the text and serve as a point of departure for classroom conversation or related activities.

I want to thank Professor Ilene T. Olken of The University of Michigan for suggesting to me the need for this reader and for choosing several of the selections and supplying their sources; Ms. Ines Mellini for proofreading and her useful criticism; Ms. Virginia Raimundez who brought to my attention a number of interesting selections. I gratefully acknowledge my indebtedness to Dr.ssa Adriana Palazzetti for her assistance in proofreading and arranging for the reprinting of many advertisements. Dr. Alberto Ghergo and Sig.a Silvana Rosadi gave me invaluable help during my work in Italy. I am indebted to Prof. Bruno and Sig.a Liliana Giardina for their aid with the photography. My heartfelt thanks go to my parents, Maria Pedica-Kozma and William Kozma, for providing me with facilities during the final preparation of **Carosello,** and for their constant encouragement and support.

JANICE M. KOZMA

Carosello

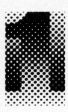

un viaggio

I cavoli del mercato

Salvare capra e cavoli

Un contadino deve traversare un fiume, portando[1] con sé un lupo, una capra e un cavolo. La barca è piccola; può contenere il contadino e una delle due bestie. Come fare? Se il lupo si trova[2] solo con la capra, la mangia; e se la capra si trova sola con il cavolo, lo mangia.

Il contadino pensa a lungo[3] e poi risolve il problema cosí. Trasporta prima la capra; poi ritorna solo e trasporta il lupo. Il ritorno dal secondo viaggio lo fa[4] in

---

[1]**portando:** taking, carrying (*present participle*)

[2]**si trova:** is (*Lit.* finds himself), **trovarsi solo:** to be alone, **trovarsi bene:** to be well, etc., *infinitive forms*

[3]**a lungo:** for a long while

[4]**il ritorno . . . lo fa: lo** *refers to* **il ritorno,** *a common construction in Italian*

2

compagnia della capra che lascia adesso per trasportare il cavolo. Dopo il terzo viaggio, torna solo e trasporta di nuovo[5] la capra. In questo modo, la capra non si trova mai sola né col cavolo né[6] col lupo.

E oggi, *salvare capra e cavolo* vuol dire[7] « trovare il mezzo per impedire due guai ».

problems
disaster. From *Perché si dice così*
by Dino Provenzal
(Hoepli, Milano 1966)

ESERCIZI

A. *Rispondere alle seguenti domande con una frase completa:*

1. Che cosa deve fare il contadino?
2. Cosa deve portare con sé? *with him!*
3. Perché non mette tutti e tre[8] insieme nella barca?
4. Poi cos'è il problema con gli animali per il contadino?
5. Come lo risolve?
6. Cos'è un modo di dire?[9] Dare una tale espressione in inglese.

B. *Espressioni da adoperare in frasi:*

salvare capra e cavoli	trovarsi male
di nuovo	trovarsi solo
a lungo	trovarsi in compagnia
trovarsi bene	

---

[5]**di nuovo:** again
[6]**né . . . né:** neither . . . nor
[7]**vuol dire:** means (**volere dire:** to mean, *infinitive form*)
[8]**tutti e tre:** all three (**tutti e due:** both, **tutti e cento:** all one hundred, etc.)
[9]**modo di dire:** expression, saying

C. *Cambiare l'infinito del verbo alla forma corretta del tempo presente:*

1. Un contadino *volere* traversare il fiume.
2. La barca *sembrare* piccola.
3. *Dovere* contenere il contadino.
4. Il contadino *vedere* il problema cosí.
5. Salvare capra e cavoli *significare* « trovare il mezzo per impedire due guai ».

Dal fruttivendolo

4

D. Accordare la frase con l'illustrazione:

1. un contadino deve traversare un fiume . . .
2. . . . trasporta prima la capra . . .
3. . . . poi ritorna solo e trasporta il lupo . . .
4. . . . che lascia adesso per trasportare il cavolo . . .

a.

b.

c.

d.

aviatourd'estate
viaggi estivi in comitiva

gli unici in partenza da CATANIA NAPOLI ROMA FIRENZE BOLOGNA MILANO

partenza qualsiasi settimana da giugno a settembre

Godetevi tranquillamente il vostro viaggio, per qualsiasi necessità c'è sempre un nostro accompagnatore a vostra completa disposizione.

CAROSELLO ALPINO	6 giorni	85.000
VIENNA	6 giorni	93.000
PARIGI	6 giorni	88.000
BARCELLONA	8 giorni	97.000
SOGGIORNO A PALMA	11 giorni	112.000
SICILIA	8 giorni	130.000
SARDEGNA	8 giorni	118.000
PARIGI	6 giorni	97.000
GRANDE GIRO DELLA SVIZZERA	6 giorni	98.000
AUSTRIA	6 giorni	118.000
JUGOSLAVIA	10 giorni	168.000
PRAGA E BUDAPEST	9 giorni	137.000
PARIGI E CASTELLI DELLA LOIRA	7 giorni	145.000
GRECIA	12 giorni	198.000
BENELUX E VALLE DEL RENO	11 giorni	210.000
TUTTA LA SPAGNA	13 giorni	215.000
LONDRA E VALLE DEL TAMIGI	11 giorni	205.000
BERLINO E GERMANIA	11 giorni	230.000
ISTANBUL, SOFIA E BUCAREST	18 giorni	285.000
PAESI NORDICI	14 giorni	330.000
RUSSIA, POLONIA E FINLANDIA	20 giorni	395.000

Per informazioni e prenotazioni rivolgersi presso le agenzie di viaggi o presso **aviatour - via Metaponto, 6 - 00183 Roma**
desidererei[1] ricevere gratuitamente l'opuscolo aviatour d'estate
nome e cognome
indirizzo
il mio agente di viaggio è

Reprinted by permission of Aviatour.

---

[1] **desidererei:** I would like (*conditional*)

6

ESERCIZI

Rispondere alle domande:

1. Da quale città partono questi viaggi?
2. In quali mesi ci sono le partenze?
3. Cos'è un viaggio « in comitiva »?
4. A che serve l'accompagnatore?
5. Quanto costa andare a Parigi per sei giorni? (In dollari?)
6. Quanti giorni possiamo passare in Jugoslavia per L. 168.000?
7. Qual è il viaggio piú costoso?
8. Qual è il viaggio meno costoso?
9. Qual è il viaggio piú lungo?
10. Qual è il viaggio meno lungo?

Dove andremo quest'anno?

Il tempo che farà

BOLLETTINO METEOROLOGICO

LE PREVISIONI DEL TEMPO

Temperatura: in diminuzione specie nelle minime[1] Tempo previsto: su tutte le regioni italiane nuvolosità variabile in temporanea intensificazione al passaggio di linee temporalesche; una di queste determinerà in nottata e nelle prime ore di questa mattina annuvolamenti anche intensi con temporali sulle regioni centrosettentrionali italiane e nel pomeriggio su quelle meridionali.

LE TEMPERATURE DI IERI

Nord	8[2]	19	Pescara	11	18
Fiumic.	8	18	L'Aquila	np.	np.
Eur	9[3]	18	Campob.	6	12
Bolzano	6	15	Bari	12	16
Verona	3	13	Napoli	13	16
Trieste	9	17	Potenza	6	12
Venezia	8	16	S. Maria		
Milano	5	11	di Leuca	16	20
Torino	5	11	Catanzaro	14	18
Genova	10	17	Reggio C.[4]	17	23
Bologna	6	16	Messina	17	21
Firenze	4	18	Palermo	16	21
Pisa	4	19	Catania	16	26
Ancona	10	16	Alghero	8	19
Perugia	8	15	Cagliari	10	21

NELLE METROPOLI ESTERE

Belgrado (pioggia)	8	14
Atene (coperto)	17	27
Parigi (variabile)	7	13
Londra (pioggia)	4	8
Berlino (sereno)	4	14
Amsterdam (pioggia)	6	11
Bruxelles (coperto)	5	11
Madrid (sereno)	5	18
Mosca (sereno)	4	18
Stoccolma (coperto)	7	10
New York (sereno)	13	25
San Francisco (sereno)	12	24
Los Angeles (coperto)	16	25
Chicago (sereno)	13	18
Miami (coperto)	20	27
Tokyo (sereno)	14	23
Hong Kong (coperto)	27	31
Buenos Aires (sereno)	5	22
Montreal (coperto)	11	21
Honolulu (coperto)	22	32
Toronto (sereno)	10	24

From *Il Tempo*

---

[1]**nelle minime:** in the wee hours

[2]To change Centigrade to Fahrenheit, multiply by 9, divide by 5, add 32. To change Fahrenheit to Centigrade, subtract 32°, multiply by 5, divide by 9.

[3]The first three temperatures refer to Rome: **Nord:** the Northern section of the city; **Fiumic: Fiumicino:** the Western section near the Da Vinci International Airport; **Eur:** the Southern section of E.U.R., site of the proposed **Esposizione Universale Roma,** planned by Mussolini for a kind of world's fair.

[4]**Reggio C.: Reggio Calabria,** city in Southern Italy

8

ESERCIZI

Rispondere alle domande:

1. A Roma come sarà la temperatura?
2. Che tempo è previsto per l'indomani?
3. Cosa determinerà gli annuvolamenti?
4. Che tempo farà sulle regioni centrosettentrionali?
5. Ieri qual era la temperatura a Roma Sud? A Firenze?, a Perugia?, a Reggio Calabria?
6. Dove ha fatto piú freddo ieri, a Parigi o a Madrid? a Mosca o a Miami? a Tokyo o a Buenos Aires?
7. Dove ha fatto piú caldo ieri, ad Atene o a Londra? a Bruxelles o a Stoccolma? a Belgrado o a Montreal?
8. Descrivere il tempo: a Berlino; ad Amsterdam; a New York.

Oggi fa troppo freddo

nuvola -e   nf.
nube -i   clouds

3.8 liters to a gallon

9

la bellezza

Bellezze

Il campo di frumento è cosí bello
solo perché ci sono dentro
i fiori di papavero e di veccia; — fetch - seeds of weeds.
ed il tuo volto pallido[1]   poppy   that ruin grain.
perché è tirato un poco indietro
dal peso della lunga treccia.

Corrado Govoni
From Poesie scelte
© 1961 by Arnoldo
Mondadori Editore

ESERCIZI

Rispondere alle domande:

1. Cos'è un campo di frumento?
2. Perché è bello?
3. Quali fiori ci sono?
4. Com'è il volto?
5. Perché è bello il volto?
6. Dov'è tirato?
7. Da cosa è tirato?
8. Com'è la treccia?

---

[1]*after* **pallido,** «*è così bello*» *is understood*

ESERCIZI

Rispondere alle domande:

1. Chi scrisse *Marilyn*?
2. Chi fece le foto?
3. Chi è il mito?
4. Quante foto ci sono in bianco e nero?
5. Invece quante a colori?
6. Quanto costa il volume?
7. Chi è l'editore?
8. Lei può nominare alcuni film della diva?

Il naso di Cleopatra

Sappiamo che la vita dell'uomo, come quella di un popolo, è una serie di eventi complicati, concatenati. Basta un piccolo incidente e il corso delle cose cambia. Intorno a tali stranezze della fortuna, c'è chi domanda il perché,[1] e allora qualcuno gli dice: «Già,[2] è la storia del naso di Cleopatra».

L'origine della frase è questa. Il grande filosofo Blaise Pascal scrisse: «Se il naso di Cleopatra fosse stato[3] un po' piú lungo o un po' piú corto, oggi il mondo avrebbe[4] un'altra faccia». Infatti, la donna non sarebbe stata[5] bella, non avrebbe affascinato[6] Antonio, e via di seguito.[7]

Essendo[8] molto nota la frase di Pascal, c'è chi la parodia cosí: «Se il naso di Cleopatra fosse stato piú lungo o piú corto, forse il mondo avrebbe un'altra faccia, ma certo avrebbe avuto[9] un'altra faccia Cleopatra».

From *Perché si dice così* by Dino Provenzal
(Hoepli, Milano 1966)

---

[1]**il perché:** the reason why *(almost any part of speech can be made into a noun by adding the definite article:* **il nuotare:** swimming; **il meglio:** the best, *etc.)*

[2]**Già:** *an alternate way of saying "yes"* **(sí)** *in certain cases involving enthusiastic affirmation;* **anzi** *is an alternate way of saying "no" to heartily disagree or to underline a negative reaction.*

[3]**fosse stato:** had been *(past perfect subjunctive)*

[4]**avrebbe:** would have *(conditional)*

[5]**sarebbe stata:** would (not) have been *(past conditional)*

[6]**avrebbe affascinato:** would (not) have enchanted *(past conditional)*

[7]**via di seguito:** and so on and so on

[8]**essendo:** being *(present participle)*

[9]**avrebbe avuto:** would have had *(past conditional)*

ESERCIZI

A. Rispondere alle domande:

1. Com'è la vita dell'uomo?
2. Fare un esempio di una piccola vicenda che ha cambiato il corso delle cose del mondo.
3. Perché era importante che Cleopatra fosse[1] bella?
4. Come viene messa in ridicolo[2] la frase di Pascal?

B. Premettere al sostantivo le preposizioni: di, da, a, in

1. la vita
2. l'uomo
3. il popolo
4. la serie
5. gli eventi
6. l'incidente
7. il corso
8. le cose
9. la storia
10. i nasi

---

[1]**fosse:** was *(imperfect subjunctive)*
[2]**messa in ridicolo:** ridiculed (**mettere in ridicolo:** to ridicule, *infinitive form*)

C. *Premettere l'articolo indeterminativo:*

1. ___faccia
2. ___mondo
3. ___altro naso
4. ___altra frase
5. ___strano filosofo

Concorso nazionale di poesia in lingua italiana

Il Centro Culturale Alternativo «La Tenda» e la relativa Casa Editrice,[1] fondata e diretta da Pietro Tartamella (il poeta sull'albero), bandisce per l'anno 1975 il Primo Concorso Nazionale di Poesia in lingua italiana.

L'iniziativa si propone di raccogliere, intorno alla rivista del gruppo, le più giovani forze della poesia contemporanea per un fruttuoso e continuo scambio di esperienze e di pensiero.

«La Tenda» è costituita essenzialmente da studenti e da giovani ed è a loro in particolare (ma non esclusivamente) che ci rivolgiamo.

Si invitano pertanto gli interessati a richiedere il bando di concorso entro il 31 ottobre 1974 scrivendo[2] a: La Tenda Editrice — Pietro Tartamella — Piazza Carrara 7 — 10132 Torino.

From *Il Tempo*

ESERCIZI

Rispondere alle domande:

1. Chi ha fondato il Centro Culturale Alternativo «La Tenda»?
2. Cosa bandisce il centro?
3. Cosa desiderano raccogliere? Perché?
4. Chi costituisce «La Tenda»?
5. Prima di quale giorno si deve richiedere il bando del concorso?
6. Dove si deve scrivere?

---

[1]**Casa Editrice:** publishing house
[2]**scrivendo:** by writing (*present participle*)

Studenti e giovani

17

Imprudenza grammaticale

Che strana voce grammaticale la prima persona del tempo futuro. Io farò, io partirò, io conquisterò. Chi fu il pazzo a inventarla? Quell'ò accentato finale, che ridicolo,[1] con tutta quella sicurezza di sé.[2] Io comprerò, io costruirò, io scriverò. E se non ce ne fosse il tempo?[3] Il padre della lingua non l'ha calcolata questa tenue possibilità?[4] Piú decente l'inglese: *I shall do, I will do,* c'è un'intenzione, una volontà, niente di piú, non si intende di ipotecare il futuro. Mentre noi! Poveri diavoli, che marciamo con il petto in fuori,[5] gli occhi fissi alle lontananze, e magari a mezzo metro c'è la buca.

From *In quel preciso momento* by Dino Buzzati
© 1963 by Arnoldo Mondadori Editore

ESERCIZI

A. *Rispondere alle domande:*

1. Che cosa pensa l'autore del tempo futuro in italiano?
2. Che cosa non ha calcolato il padre della lingua?
3. Perché è meglio l'inglese?
4. Cos'è il pericolo di marciare col petto in fuori guardando lontano?

---

[1]**che ridicolo:** how ridiculous (**che strano:** how strange; **che bello:** how lovely, beautiful, handsome, etc.)

[2]**sicurezza di sé:** self-assurance, confidence

[3]**E se non ce ne fosse il tempo?:** And if there weren't time? (**ci:** there; **ne:** any)

[4]**possibilità:** *most abstract nouns ending in* **-tà** *in Italian are* **-ty** *in English, and are always feminine and invariable in the plural,* (**la possibilità, le possibilità; l'abilità, le abilità; l'identità, le identità,** etc.) *all nouns accented on the final syllable are invariable in the plural* (**il tassí, i tassí,** etc.)

[5]**in fuori:** thrust out

B. *Tradurre e poi volgere al plurale in italiano:*

1. l'abilità
2. l'opportunità
3. la società
4. la qualità
5. la probabilità

C. *Volgere i verbi al passato prossimo:*

1. Io farò.
2. Io partirò.
3. Io conquisterò.
4. Chi fu il pazzo?
5. Tu comprerai.
6. Voi costruirete.
7. Noi scriveremo.
8. C'è un'intenzione.
9. Non si intende di ipotecare il futuro.
10. Marciamo con il petto in fuori.

D. *Trovare la frase che meglio descriva[1]*
   quest'illustrazione:

---

[1]**descriva:** describes *(present subjunctive)*

Ed è subito sera

20

Ed è subito sera

Ognuno sta solo sul cuor della terra
trafitto da un raggio di sole:
ed è subito sera.

Salvatore Quasimodo
From *Tutte le poesie* © 1960 by Arnoldo Mondadori
Editore

ESERCIZI

Rispondere alle domande:

1. Dove sta ogni persona?
2. Da cosa è trafitta?
3. Subito che cosa viene?
4. Cosa ti dice questa poesia?
5. Ti sembra allegra o triste?

a tavola

A tavola si sta bene

A tavola non s'invecchia

Certi modi di dire[1] hanno un destino curioso: prima si usano per esprimere un dato pensiero, e dopo che passa il tempo finiscono col significare un'idea opposta del tutto.[2]

Cosí un tempo si diceva[3] *a tavola non s'invecchia* per dire che i piaceri della tavola possono abbreviare la vita. Oggi invece si ripetono scherzosamente quelle parole a significare che a tavola si sta bene, che mangiando[4] non si sente piú il peso degli anni.

È la frase di un moralista falsata[5] da molti golosi e buontemponi.

From *Perché si dice così* by Dino Provenzal
(Hoepli, Milano 1966)

---

[1]**modo di dire:** expression, saying
[2]**del tutto:** completely
[3]**si diceva:** it was said, one used to say *(impersonal construction, in this case with imperfect tense)*
[4]**mangiando:** eating, by eating, while eating
[5]**falsata:** made false, misrepresented, distorted (from **falso:** false)

ESERCIZI

A. Rispondere con una frase completa:

1. Quale destino hanno certi modi di dire?
2. Un tempo, cosa voleva dire[1] « a tavola non s'invecchia »?
3. Oggi che cosa vuol dire?
4. Dare un esempio di un goloso classico.
5. Dare un esempio di un buontempone famoso.

B. Mettere l'articolo determinativo davanti al nome:

1. __modo
2. __destino
3. __pensiero
4. __tempo
5. __idea
6. __piaceri
7. __parole
8. __anni
9. __frase
10. __moralista
11. __golosi
12. __buontemponi

C. Descrivere questo disegno:

1. Com'è questa persona?
2. Che fa? Dov'è?
3. Che cosa ha in mano?
4. Che mangia?
5. Che cosa è un goloso?

---

[1]**voleva dire:** used to mean *(imperfect tense)*

umm... ho ancora in bocca
un meraviglioso gusto di caffè

Bourbon tosta e macina solo
le migliori qualità brasiliane, le più
selezionate e vigorose e le custodisce
in confezione sigillata che mantiene
intatto l'aroma di Bourbon dalla prima
all'ultima tazzina.

Ecco perchè Bourbon è così buono
che lo bevete e per tanto tempo
vi resta in bocca un meraviglioso
gusto di caffè.

Bourbon, la crema del Brasile.

Reprinted by permission of Samer, S.p.A., Firenze, Italy.

24

ESERCIZI

Rispondere alle domande:

1. Dov'è il gioco di parole nella marca di questo caffè?
2. Perché è contento l'uomo della foto?
3. Quali tipi di caffè adopera Bourbon?
4. Dove si custodisce il caffè dopo che è stato macinato?
5. Cosa ci resta in bocca dopo che abbiamo bevuto Bourbon?

Prendiamo un caffè?

25

L'oste ci guarda

All'osteria romana

All'osteria romana si vende principalmente il vino. Finché avrà sole e vino, il romano non conoscerà infelicità. In ogni osteria puoi trovar pronti gli spaghetti e le fettuccine. In ognuna c'è un pezzo di manzo in ghiacciaia per servirti la cotoletta o la bistecca, e in mostra sopra il banco, prosciutto e salame. Ma l'osteria autentica dà il vino soprattutto, ed è naturale che i clienti vi portino[1] il resto.

---

[1]**portino:** bring *(present subjunctive)*

Mentre prendono posto le comitive alle lunghe tavole scambiandosi[2] saluti e notizie, le convitate piú giovani arrivano da casa portando[3] pastiere immense e insalatiere spettacolari che depositano nel mezzo della tavola. E vassoi con pizze! L'oste incomincia il fatto suo[4] portandovi[5] bicchieri, boccali, bottiglie. È il salotto di chi non ha un salotto e vuole stare insieme. Il salotto dell'oste è un luogo di ritrovo per mangiare in compagnia allegramente.

L'esuberanza fisica dei convitati è la prima cosa che ti colpisce. È un'esuberanza che si manifesta in rotondità d'ogni parte. Gli uomini sono rotondi in generale, ma le donne mature e le anziane sono rotonde spesso in proporzione incredibile. I ragazzi appena possono, puntano i gomiti,[6] in aria di padrone,[7] e i bambini che arrivano con la faccia giusto sul piatto, sembrano, a quelle tavole, la testa di San Giovanni portata da Salomè alla mensa di Erode.

Ogni capo di famiglia serve[8] prima i piú piccoli, poi serve la moglie e alla fine pensa a sé. Grandi piatti di spaghetti che sembrano intrisi nel sangue, insalate in cui risaltano i colori piú belli dell'iride, e pizze dorate.

From *Roma* by Aldo Palazzeschi, pp. 232–4, lines 12–29, © 1964 by Arnoldo Mondadori Editore

---

[2] **scambiandosi:** exchanging *(present participle of reflexive verb)*
[3] **portando:** bringing *(present participle)*
[4] **il fatto suo:** his part, his duty
[5] **portandovi:** bringing there *(present participle)*
[6] **puntano i gomiti:** put their elbows up on the table
[7] **in aria di padrone:** with an air of ownership
[8] **serve:** serves (**servire:** to serve; **servirsi:** to serve oneself, **es: mi servo a tavola**); **servirsi di:** to use, **es.: per scrivere una lettera, mi servo di una buona qualità di carta**)

ESERCIZI

A. *Rispondere alle domande:*

1. Cosa vendono nelle osterie?
2. Quando è felice il tipico romano?
3. Che cosa si può mangiare all'osteria?
4. Cosa portano i clienti all'osteria?
5. Dove si siedono le comitive?
6. Da dove vengono le piú giovani?
7. Cosa portano con loro?
8. Dove mettono le pizze?
9. Cosa porta l'oste alle tavole?
10. Il salotto dell'oste è un vero salotto?
11. Cos'è la prima cosa che ci colpisce?
12. Come sono fisicamente gli uomini? e le donne?
13. Perché i ragazzi hanno l'aria di padrone?
14. Dove arrivano i bambini? Come sembrano?
15. Chi viene servito prima? e poi chi?
16. Cosa mangiano?

B. *Premettere l'oggetto diretto al verbo al posto delle parole sottolineate:*

1. All'osteria vendono *il vino.*
2. Il romano non conosce *infelicità.*
3. In ognuna puoi trovare *gli spaghetti.*
4. I clienti portano *le pizze.*
5. L'oste porta *il vino.*

C. *Espressioni da usare in frasi:*

1. il fatto suo
2. in mostra
3. nel mezzo di
4. in compagnia
5. in generale

D. Descrivere le illustrazioni con le parole della lettura:

La televisione e la radio

primo canale

12.30 « ANTOLOGIA DI SAPERE ».
12.55 Inchiesta sulle professioni: « IL DESIGNER ».
13.25 IL TEMPO IN ITALIA - TELEGIORNALE - OGGI AL PARLAMENTO.
14.10 « INSEGNARE OGGI ».
17.00 TELEGIORNALE.
17.15 PER I PIU' PICCINI: « Scuola di ballo ».
17.45 LA TV DEI RAGAZZI: « I viaggi ».
18.45 «ANTOLOGIA DI SAPERE». Aggiornamenti culturali.
19.15 CRONACHE ITALIANE - CRONACHE DEL LAVORO E DELL'ECONOMIA - OGGI AL PARLAMENTO - CHE TEMPO FA.
20.00 TELEGIORNALE.
20.40 « SOTTO IL PLACIDO DON » (quarta puntata).
21.50 « MERCOLEDI' SPORT ».
22.45 TELEGIORNALE - CHE TEMPO FA.

secondo canale

18.45 TELEGIORNALE SPORT.
19.00 « SPECIALE PER NOI ». Spettacolo musicale.
20.00 « CONCERTO DELLA SERA ». Bela Bartok: Tans suite per orchestra.
20.30 TELEGIORNALE.
21.00 « LA PECCATRICE DI SAN FRANCISCO » (film). Regia di Robert Parrish. Interpreti: Yvonne De Carlo, Joel McCrea, Sidney Blackmer, Florence Bates.
22.20 « VOCI DELLA MONTAGNA »: Coro Crodaioli di Arrignano.

radio

NAZIONALE	SECONDO
Segnale orario e notizie del Giornale radio: 7, 8, 12, 13, 14, 15, 17, 19, 21, 23	Segnale orario e notizie del Giornale radio: 6,30, 7,30, 8,30, 9,30, 10,30, 11,30, 12,30, 13,30, 15,30, 16,30, 18,30, 22,30
7,12 Il lavoro oggi	
7,25 Mattutino musicale (3)	
7,45 Ieri al Parlamento - Sui giornali di stamane	8,40 Come e perché
8,30 Le canzoni del mattino	8,55 Galleria del melodramma
9 — Voi ed io	9,35 Il ritorno di Rocambole (8)
10 — Speciale GR	9,55 Canzoni per tutti
11,30 Incontri col personaggio	10,35 Alta stagione
11,40 Il meglio del meglio	12,40 I malalingua
12,10 Quarto programma	13,35 Due brave persone
13,20 Ma guarda che tipo!	13,50 Come e perché
14,05 L'altro suono	14 — Su di giri
14,40 Il ritorno di Rocambole (8)	14,30 Trasmissioni regionali
15,10 Per voi giovani	15 — Gira-giradisco
16 — Il girasole	15,30 Media delle valute - Bollettino del mare
17,05 FFFortissimo	15,40 Cararai
17,40 Programma per i ragazzi	17,30 Speciale GR
18 — Musica in	17,50 Chiamate Roma 3131
19,15 Ascolta, si fa sera[1]	19,30 Radiosera
19,20 Sui nostri mercati	20 — Il convegno dei cinque
19,30 Nel mondo del valzer	20,50 Supersonic
20,20 Andata e ritorno[2]	21,30 Due brave persone
21,15 Serata con Goldoni	21,49 Popoff
23 — Oggi al Parlamento - I programmi di domani	22,30 Bollettino del mare
	22,50 L'uomo della notte

From Il Tempo

[1] **si fa sera:** evening is coming upon us, is on its way
[2] **andata e ritorno:** round trip

ESERCIZI

A. *Rispondere alle domande:*

televisione: 1. Quanti canali ci sono in Italia?
2. A che ora inizia il primo canale? e il secondo?
3. Qual è l'ultimo programma che danno al primo canale?
4. Cosa possiamo vedere alle 20 al secondo canale?
5. A che ora comincia la «TV dei Ragazzi»?

radio: 6. Quante volte al giorno al canale Nazionale della radio trasmettono le notizie? E al secondo canale?
7. Al secondo canale alle 8:55 cosa danno? Come chiamiamo l'equivalente in America?
8. A che ora dobbiamo ascoltare la radio per sentire le notizie di ieri del Parlamento?

B. *Scrivere le seguenti ore: es. ore 13:00 «Sono le tredici».*

1. Ore 17:20
2. Ore 2:45
3. Ore 10:15
4. Ore 23:10
5. Ore 18:30

Stava aspettando il treno

Scrupolosità

Tempo fa un sacco di corrispondenza finí sotto le ruote d'un treno in una stazione e logicamente tutte le lettere vennero triturate.[1] I ferrovieri mandarono le migliaia di pezzettini all'ufficio postale con lo scopo che fosse ricostruito il possibile.[2] Il lavoro finí con tanta scrupolosità che un signore ricevette una lettera che lui stesso aveva già letto e fatto a pezzi[3] un giorno mentre stava aspettando[4] il treno.

From *Nuova Enigmistica Tascabile* — Firenze
by permission of Corrado Tedeschi Editore

---

[1]**vennero triturate:** were ground up (*passive voice*)
[2]**con ... possibile:** so that as much as possible they could reconstruct the salvageable (letters).
[3]**fatto a pezzi:** ripped to pieces (**fare a pezzi:** to tear, rip to pieces, shreds)
[4]**aspettando:** waiting (*present participle*)

ESERCIZI

A. *Rispondere alle domande:*

    1. Dove andò a finire il sacco di corrispondenza?
    2. Che è successo alle lettere?
    3. Cosa dovevano fare all'ufficio postale?
    4. Quel signore, cosa ha ricevuto?

B. *Tema da scrivere:* «Un breve riassunto dell'articolo».

Scrupolosità nel lavoro

*Il telefono
pubblico*

Telefono: due milioni invece
di 15 mila lire

Carrara, 21 luglio — Un'anziana cliente della SIP,[1] residente a Marina di Carrara, aveva ricevuto lo scorso
trimestre una bolletta per una somma di due milioni e
600 mila lire quando di solito[2] la sua bolletta non
superava, ogni trimestre, le 10 o le 15 mila lire.

La signora — che non ha voluto rivelare il suo nome
— appena ricevuta la bolletta, si presentò agli sportelli
della SIP facendo notare[3] l'errore. La bolletta fu presa
in consegna[4] dai funzionari della società telefonica per
i controlli.[5]

Tutto sembrava risolto e l'errore chiarito, quando

---

[1]**SIP: Società italiana per l'esercizio telefonico**
[2]**di solito:** usually
[3]**facendo notare:** pointing out *(present participle)*
[4]**in consegna:** in consignment, entrusted
[5]**controlli:** *false cognate,* investigation

34

nella bolletta di questo trimestre è stata addebitata alla
signora la somma di 150 mila lire come «ammenda per
non aver regolarmente corrisposto l'importo precedentemente richiesto entro i termini prescritti dalle note
riportate in calce».[6]

La questione è all'esame degli uffici della SIP.

From *La Nazione*: 22.VII.73

ESERCIZI

A. *Rispondere alle domande basate sulla lettura:*

1. Dove abita la povera signora?
2. Per quanto era la bolletta telefonica?
3. Di solito quanto paga?
4. Appena ricevuta la bolletta che cosa fece la signora?
5. Dopo che tutto sembrava risolto, che è successo?
6. Come finirà la questione?

B. *Espressioni da usare in frasi:*

1. di solito
2. in consegna
3. in calce

C. *Volgere al passato prossimo e poi tradurre la frase:*

1. Aveva ricevuto una bolletta?
2. Di solito non superava le 15 mila lire.
3. La signora si presentò allo sportello.
4. La bolletta fu presa in consegna.
5. Tutto sembrava risolto.

---

[6]in calce: at the foot, at the bottom

*Un grande disco di pietra
che si trova nella chiesa di Santa Maria in Cosmedin*

La bocca della verità

Cosí si chiama un grande disco di pietra del peso di 1300 chilogrammi, che si trova nella chiesa di Santa Maria in Cosmedin. È in fondo al portico, a sinistra. È un antico chiusino, scolpito in forma di un mascherone che rappresenta una divinità fluviale. Secondo il *Mirabilia urbis Romae*,[1] guida medievale per pellegrini, si credeva che la Bocca pronunciasse[2] oracoli. Secondo una tradizione piú nota, serviva per giurare. La persona vi infilava dentro la mano, che veniva morsa[3] se la persona aveva giurato il falso. Nel Medio

---

[1]**Mirabilia urbis Romae:** Wonders of the City of Rome *(title)*
[2]**pronunciasse:** pronounced *(imperfect subjunctive)*
[3]**veniva morsa:** was cut off

36

Evo dietro la Bocca si metteva un giustiziere, armato di spada, che puniva il bugiardo.

Secondo una leggenda, fu Virgilio[4] a costruire la Bocca della Verità, ad uso dei mariti e delle mogli che avevano dubbi sulla fedeltà del coniuge. Un marito, giustamente sospettoso, voleva mettere la moglie alla prova. La moglie riuscí a superare la prova felicemente con un'astuzia: disse all'amante che si facesse trovare[5] sul posto[6] e che là, alla vista di tutti, ma fingendosi pazzo, l'abbracciasse.[7] L'amante obbedí, recitando molto bene la parte;[8] e nell'infilare la mano nella tremenda bocca, la donna giurò di essere stata abbracciata, in vita sua, solo dal marito e da quell'uomo che tutti avevano visto. Diceva la verità, e la sua mano uscí intera dalla prova. Virgilio capí subito l'inganno; e dovette riconoscere che le donne erano piú furbe di lui.

ESERCIZI

A. *Rispondere alle domande:*

1. Quanto pesa il disco di pietra?
2. Dove si trova? In quale chiesa?
3. A cosa serviva la Bocca della Verità?
4. Dove si mette la mano?
5. Se una persona giura falsamente, cosa sarà il risultato?
6. Nel Medio Evo chi si metteva dietro la bocca? Perché?
7. Il marito che sospettava la moglie aveva ragione?

---

[4]**Virgilio:** Virgil, Classical Roman Poet, 70-19 b.c., author of *The Aeneid.*
[5]**che si facesse trovare:** that he should go (*imperfect subjunctive*)
[6]**sul posto:** at that place, i.e., the **Bocca della Verità**
[7]**alla vista ... l'abbracciasse:** in view of all, but pretending to be insane, he should embrace her (*imperfect subjunctive*)
[8]**recitando molto bene la parte:** playing his role very well (*present participle*)

37

8. La moglie che cosa disse all'amante?
9. Quando l'amante l'abbracciò, che cosa spiegò la moglie?
10. Perché aveva ragione lei? Aveva detto tutta la verità?
11. Perché era un'astuzia questa soluzione?
12. Come uscí la sua mano?
13. Perché Virgilio capí subito l'inganno?
14. Che cosa dovette ammettere?
15. Perché è vero che le donne sono piú furbe degli uomini?

B. *Premettere gli articoli secondo l'esempio:*

bocca	la bocca	le bocche	una bocca
disco	—	—	—
pietra	—	—	—
divinità	—	—	—
mascherone	—	—	—
mano	—	—	—
astuzia	—	—	—
amante	—	—	—

C. *Volgere le frasi al presente:*

1. La Bocca *pronunciava* oracoli.
2. *Serviva* per giurare infilandovi dentro[1] la mano, che *veniva* morsa.
3. Dietro la Bocca *si metteva* un giustiziere.
4. *Fu* Virgilio a costruire la Bocca della Verità.
5. Una donna *riuscí* a superarla facilmente.

D. *Espressioni da usare in frasi:*

1. in forma di
2. serve per
3. giurare il falso, il vero
4. ad uso di
5. recitare la parte

---

[1]**infilandovi dentro:** inserting inside (*present participle*)

38

La cronaca nera[1]

I carabinieri

---

[1]**cronaca nera:** matters taken care of by the police

TRE LADRI ARRESTATI
DAI VIGILI NOTTURNI[1]

    I Vigili Notturni dell'Urbe hanno arrestato la scorsa notte tre ladri che stavano svaligiando[2] un negozio di abbigliamento di piazzale Jonio a Montesacro.[3] E' accaduto qualche minuto dopo le 3 quando i vigili hanno sorpreso i tre mentre stavano caricando[4] la refurtiva su un furgone. Si tratta del[5] 17enne[6] Roberto M......, abitante in via Scarpanto 45 e di Mario G......, via Monte Massico 40, e Alvaro M......, anche egli abitante nella stessa strada al numero 89, entrambi di sedici anni. Tutti e tre sono stati ammanettati e trasferiti al carcere minorile.

From Il Tempo

ESERCIZI

Rispondere alle domande:

1. I vigili chi hanno arrestato? Quando?
2. Che facevano i ladri?
3. Dove erano?
4. Dove caricavano la refurtiva?
5. Chi sono i ladri e dove abitano?
6. Quanti anni hanno rispettivamente?
7. Dove stanno adesso?

Chiamiamo i vigili?

---

[1]**Vigili Notturni dell'Urbe:** night police (of the city of Rome)
[2]**svaligiando:** robbing *(present participle)*
[3]**Montesacro:** N.E. section of Rome
[4]**caricando:** loading *(present participle)*
[5]**si tratta del:** it is a matter of (**trattarsi di:** to be a matter of, to deal with, to treat, *infinitive form*)
[6]**17enne:** seventeen-year-old (**15enne:** fifteen-year-old, **65enne:** sixty-five-year-old, etc.)

Fermato dalla polizia!

per salvare . . . la faccia
i piedi . . . sè stesso

CREMA RAPIDA PALMOLIVE

mette pace tra lama e pelle

perché rimane morbida, umida per tutta la rasatura

PALMOLIVE

crema rapida

da barba

SENZA PENNELLO

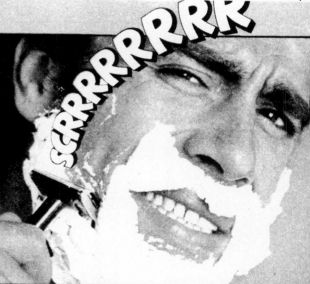

SCRRRRRRR

Schiume secche... che guerra ogni mattina

42

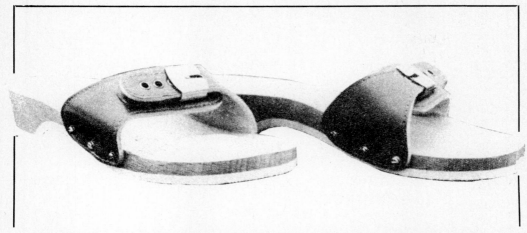

I Pescura sono stati i primi nel mondo ad offrire al piede umano un appoggio naturale che consente di camminare "bene" e "giusto". Con i Pescura si cammina sempre in un modo nuovo, che tiene conto[1] delle esigenze di igiene ed: benessere del piede. I sandali Pescura sono studiati in tutti i loro particolari proprio per questo. Con Pescura cammini riposando e se ti fermi, provi un giusto relax. E quando riprendi a camminare. . . sentirai che ripresa. Prova i Pescura, prova a camminare con la loro ripresa.

I SANDALI PESCURA TI DANNO LA RIPRESA

PREMIO QUALITÀ ITALIA

PREMIO ERCOLE D'ORO

In vendita, anche nella versione in pelle, presso farmacisti, ortopedici e sanitari nelle famose confezioni gialle con l'ovale azzurro.

Reprinted by permission of Scholl, Inc., Chicago, Ill.

---

[1]**che tiene conto:** that takes into consideration; **tenere conto di:** to take into account, consideration (*infinitive form*)

SCHICK

il "sistema" definitivamente superiore

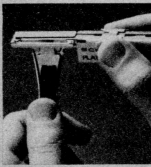  

caricamento a iniezione

Pratico, veloce, sicuro, fissa la lama al rasoio impedendole qualsiasi oscillazione.

maneggevolezza

L'angolo di taglio, anatomicamente studiato, aderisce perfettamente anche nei punti più difficili.

protezione

Le estremità del rasoio sono protette per evitare tagli e graffi in ogni punto del viso.

ESERCIZI

Rispondere alle domande:

Palmolive

1. Perché non si deve adoperare il pennello quando si usa la crema rapida?
2. Perché non è bello farsi la barba con le schiume secche (secondo la foto)?
3. Dove «mette la pace» la crema rapida?
4. Come rimane questa crema?

Dr. Scholl's

1. Quali due premi hanno vinto i sandali pescura?
2. Dove si possono comprare?
3. Cosa offrono al piede?
4. Di cosa tengono conto questi sandali?
5. Quali sono i vantaggi dei Pescura?

Schick

1. Secondo la foto, quali sono i tre vantaggi del «sistema»?
2. Quanto costa lo Schick?

44

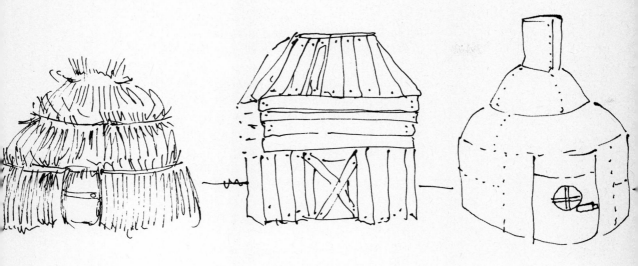

Le tre casette

Una povera donna morendo[1] chiamò le tre figliole e
cosí parlò: — Figlie mie, fra poco[2] sarò morta e voi
rimarrete sole al mondo. Quando non ci sarò piú fate
cosí: andate dai vostri zii e fatevi costruire[3] una casetta
per ciascuna. Vogliatevi bene.[4] Addio. — E spirò. Le tre
ragazze uscirono piangendo.[5]

Si misero per via[6] e incontrarono un loro zio,
stuoiaio. Disse Caterina, la piú grande: —Zio, nostra
mamma è morta; voi che siete[7] cosí buono, fatemi una
casetta di stuoie.

E lo zio stuoiaio le fece la casetta di stuoie.

---

[1]**morendo:** dying (*present participle*)
[2]**fra poco:** shortly
[3]**fatevi costruire:** have yourselves constructed (*causative* **fare**)
[4]**vogliatevi bene:** love each other
[5]**piangendo:** crying (*present participle*)
[6]**si misero per via:** they set out on the road (**mettersi per via:** to set out
  on the road, *infinitive form*)
[7]**voi che siete:** *archaic use of the* **voi** *form of address for older relatives and
  acquaintances.*

Le altre due sorelle andarono innanzi e incontrarono un loro zio, falegname. Disse Giulia, la seconda: —Zio, nostra mamma è morta; voi che siete cosí buono, fatemi una casetta di legno.

E lo zio falegname le fece la casetta di legno.

Rimase solo Marietta, la piú piccina, e continuando[8] la sua via incontrò un suo zio, fabbro. —Zio, —gli disse, —la mamma è morta; voi che siete cosí buono, fatemi una casetta di ferro.

E lo zio fabbro le fece la casetta di ferro.

In sulla sera[9] venne il lupo. Andò alla casetta di Caterina e picchiò all'uscio. Caterina chiese: —Chi è?

—Sono un povero pulcino, tutto bagnato; aprimi per carità.[10]

—Vattene;[11] sei il lupo e mi vuoi mangiare.

Il lupo diede una spinta alle stuoie, entrò e si mangiò Caterina in un boccone.

Il giorno dopo le due sorelle andarono a far visita a[12] Caterina. Trovarono le stuoie sfondate, e la casetta vuota. —Oh, poverette noi!— dissero. —Di certo[13] la nostra sorella maggiore l'ha mangiata il lupo.

Verso sera tornò il lupo e andò alla casetta della Giulia. Bussò, e lei: —Chi è?

—Sono un pulcino smarrito, dammi asilo per pietà.[14]

—No, sei il lupo, e mi vorresti[15] mangiare come mia sorella. Il lupo diede una spinta alla casetta di legno, spalancò l'uscio, e della Giulia ne fece un boccone.

Al mattino la Marietta va a far visita alla Giulia, non la trova e dice tra sé:[16] «Il lupo me l'ha mangiata![17] Povera me, sono rimasta sola a questo mondo».

---

[8]**continuando**: continuing (*present participle*)

[9]**in sulla sera**: at dusk

[10]**aprimi per carità**: open up for me please (for charity sake)

[11]**vattene**: get out of here, scram (*imperative of* **andarsene**: to go away, to be gone, *infinitive form*)

[12]**far visita a**: to pay a visit to (*infinitive form*)

[13]**di certo**: for sure, certainly

[14]**per pietà**: please, for pity sake

[15]**vorresti**: you would like to (*conditional*)

[16]**tra sé**: to herself

[17]**il lupo me l'ha mangiata**: the wolf ate her up on me, i.e., took her away from me by eating her

In sul far della notte[18] il lupo venne alla casetta della Marietta.

—Chi è?

—Sono un povero pulcino intirizzito, ti prego, lasciami entrare.

—Vattene che sei il lupo e come hai mangiato le mie sorelle vorresti mangiare me.

Il lupo dà uno spintone all'uscio, ma l'uscio era di ferro come tutta la casa e il lupo si ruppe[19] una spalla. Urlando[20] dal dolore corse[21] dal fabbro.

—Aggiustami la spalla, —gli disse.

—Io aggiusto il ferro, non le ossa, —disse il fabbro.

—Ma io le ossa me le son rotte[22] col ferro, quindi sei tu che me le devi aggiustare, —disse il lupo.

Allora il fabbro prese il martello e i chiodi e gli aggiustò la spalla.

Il lupo tornò da Marietta e si mise a parlarle vicino all'uscio chiuso: —Senti, Mariettina, per colpa tua mi son rotto una spalla, ma ti voglio bene[23] lo stesso. Se domattina vieni con me, andiamo per ceci[24] in un campo qua vicino.

La Marietta rispose: —Sí, sí. Vieni a prendermi— ma furba com'era, aveva capito che il lupo voleva solo farla uscire di casa per mangiarsela.[25] Perciò l'indomani si alzò prima che facesse giorno,[26] andò al campo dei ceci, e ne raccolse una grembiulata. Tornò a casa, mise a cuocere i ceci e gettò le bucce dalla finestra. Alle nove venne il lupo. —Mariettina bella, vieni con me per ceci.

—No, che non ci vengo, stupido: i ceci li ho già raccolti, guarda sotto la finestra e vedrai le bucce, annusa

---

[18]**in sul far della notte:** at nightfall

[19]**si ruppe:** broke (*irregular preterite of* **rompersi**)

[20]**urlando:** screaming, yelling (*present participle*)

[21]**corse:** ran (*irregular preterite of* **correre**)

[22]**ma io . . . rotte:** but I broke my bones, (literally: but, the bones, I broke them to myself)

[23]**ti voglio bene:** I love you (**volere bene a:** to love someone, *infinitive form*)

[24]**andiamo per ceci:** we'll go and pick some **ceci (garbanzo)** beans

[25]**per mangiarsela:** to eat her up

[26]**prima che facesse giorno:** before daybreak (*imperfect subjunctive*)

il fumo che viene dal camino e sentirai l'odore, e a te non resta che[27] leccarti le labbra.

Il lupo era fuori di sé[28] dalla stizza, ma disse: —Fa niente, domattina ti vengo a prendere alle nove a andremo per lupini.

—Sí, sí, —disse la Marietta, —alle nove t'aspetto.

Invece anche questa volta si alzò per tempo,[29] andò al campo di lupini, ne colse una grembiulata e li portò a casa a cuocere. Quando venne il lupo a prenderla, gli mostrò le bucce fuor dalla finestra.

Il lupo tra sé giurava vendetta, ma a lei disse: —Ah, birichina, me l'hai fatta![30] E sí che io ti voglio tanto bene! Domani, dovresti[31] venire con me in un campo che so io. Ci sono delle zucche che sono una meraviglia, e ne faremo una scorpacciata.[32]

—Sí, che ci verrò, —disse Marietta. Al mattino, corse al campo delle zucche prima di giorno, ma questa volta il lupo non aspettò le nove; e corse anche lui al campo delle zucche per mangiarsi la Marietta in un boccone.

Appena la Marietta vede il lupo da lontano, non sapendo[33] dove scappare, fece un buco in una grossa zucca e ci si mise dentro. Il lupo, che sentiva odore di cristiano, annusa tra le zucche, gira e rigira e non la trova. Allora pensò: «Sarà già tornata a casa.[34] Me ne farò una scorpacciata di zucche io da solo»,[35] e cominciò a mangiar zucche a crepapelle.[36]

La Marietta tremava sentendo[37] il lupo che si avvicinava alla sua zucca, pensando[38] che l'avrebbe mangiata[39] con lei dentro. Ma quando arrivò alla zucca di

---

[27]**a te non resta che:** and all that's left for you is
[28]**fuori di sé:** beside himself
[29]**per tempo:** early
[30]**me l'hai fatta:** you really put one over on me
[31]**dovresti:** you should *(conditional)*
[32]**ne . . . scorpacciata:** we'll have, eat, a real bellyful
[33]**sapendo:** knowing *(present participle)*
[34]**sarà . . . casa:** she must have already returned home *(future of probability)*
[35]**da solo:** alone
[36]**a crepapelle:** rapidly, avidly
[37]**sentendo:** hearing *(present participle)*
[38]**pensando:** thinking *(present participle)*
[39]**avrebbe mangiata:** would have eaten *(past conditional)*

Marietta il lupo era ormai sazio. —Questa qui che è cosí grossa, —disse —voglio portarla in regalo[40] alla Marietta per farmela amica—. Addentò la zucca e reggendola[41] coi denti galoppò alla casetta di ferro e la buttò dentro la finestra.

—Mariettina mia! —disse. —Guarda che bel regalo che ti ho portato.

La Mariettina, ormai al sicuro[42] in casa sua, venne fuori dalla zucca, chiuse la finestra, e dietro i vetri fece le corna al lupo.[43]

—Grazie, amico lupo, —gli disse —io ero nascosta nella zucca e tu mi hai portata fino a casa.

Il lupo, a sentir questo, sbatteva la testa contro le pietre.

La sera nevicava. La Marietta si scaldava al focolare, quando sentí un rumore giú per la canna del camino. «Questo è il lupo che viene a mangiarmi»? pensò. Prese una pentola d'acqua e la mise sul fuoco a bollire. Piano, piano, piano, piano[44] il lupo scende per il camino, spicca un salto[45] credendo[46] di saltare addosso alla ragazza e invece casca nell'acqua bollente e resta cotto. Cosí Marietta si liberò del nemico e visse tranquilla per tutta la sua vita.

Italo Calvino
Reprinted by permission of the author.

---

[40]**in regalo:** as a gift
[41]**reggendola:** holding it *(present participle)*
[42]**al sicuro:** in safety
[43]**fece le corna al lupo:** gave the sign of the horns to the wolf (A somewhat insulting gesture implying infidelity on the part of the spouse of the person to whom the gesture is made, i.e., a man or woman who has "horns" **(le corna)** on his or her head is a cuckold. The same effect is had by shouting «**cornuto**», also considered to be quite vulgar and insulting. The gesture is made by pointing up the index finger and the pinkie thus forming a set of horns. If, instead, they are pointed down, the gesture becomes one of warding off bad luck or nullifying a hex.)
[44]**piano . . . piano:** *by repeating any adjective, its original meaning is heightened.* Here: very, very slowly
[45]**spicca un salto:** lets loose with a jump
[46]**credendo:** believing *(present participle)*

ESERCIZI

A. Rispondere con una frase completa:

1. Qual era l'ultima volontà della madre?
2. Quale mestiere faceva il primo zio?
3. Cosa voleva da lui Caterina?
4. Il secondo zio cosa faceva? E il terzo?
5. Chi venne quella notte?
6. Cosa fece il lupo con la casa di Caterina?
7. Dove andò a finire[1] la prima sorella?
8. Come finí la seconda casa?
9. Cosa fece il lupo con Giulia?
10. Quando il lupo dà uno spintone alla casa di ferro, che succede?
11. Dove va per farsi riaggiustare la spalla?
12. Cosa gli risponde il fabbro?
13. Il lupo dove voleva portare Marietta l'indomani?
14. Lei come risolve il problema?
15. Perché il lupo era scontento di non dover portarla a trovare ceci?
16. L'indomani dove propone di andare con Marietta?
17. Invece cosa fa Marietta?
18. La terza mattina al campo Marietta dove si nasconde?
19. Perché il lupo non ha mangiato la zucca con dentro Marietta?
20. Cos'è il grande sbaglio del lupo?
21. Cosa fa il lupo quella notte?
22. Marietta come si liberò dal lupo questa volta?
23. Questa fiaba è come un'altra che abbiamo sentita in inglese?

---

[1]**andò a finire:** ended up (**andare a finire:** to end up, *infinitive form*)

B. *Scrivere in parole i numeri indicati: es. 7 + donna =*
   sette donne

1. 10 + figlia =
2. 17 + zio =
3. 19 + casetta =
4. 28 + stuoiaio =
5. 31 + sorella =

6. 87 + falegname =
7. 100 + via =
8. 143 + fabbro =
9. 255 + ferro =
10. 1000 + lupo =

C. *Trovare nel testo le frasi che corrispondono alle illustra-*
   zioni delle pagine 51, 52, e 53:

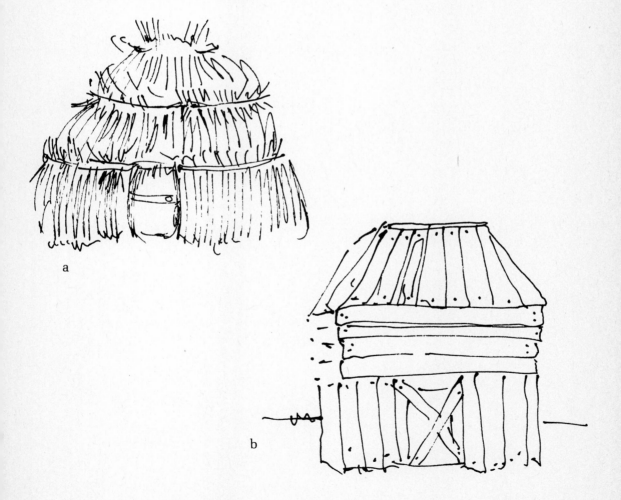

a

b

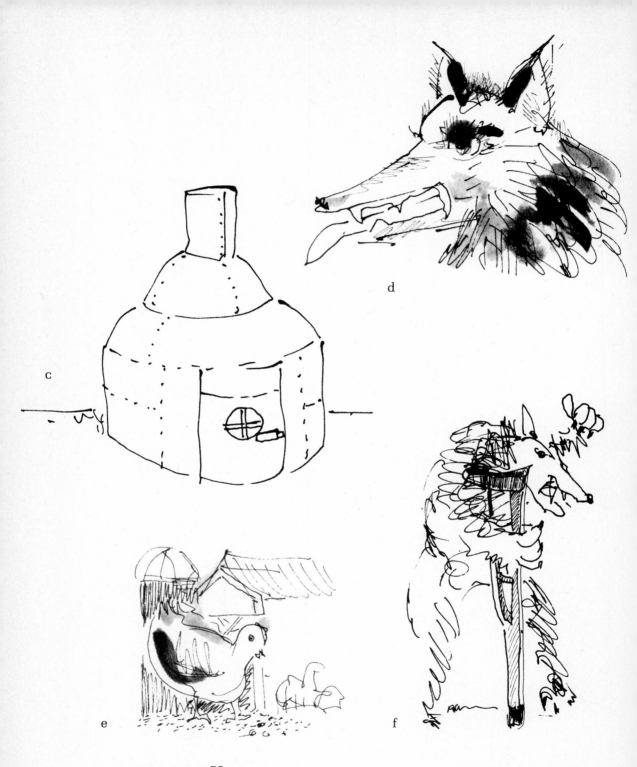

c

d

e

f

52

g

h

53

La pubblicità

---

16   VENDITA TERRENI-VILLE

Feriali[1] L.[2] 300 - Festivi[1] L. 400

A.[3] PANORAMICI LOTTI a 10 minuti dal mare, Pontina strada statale SS[4]148 chilometro 61 - Bivio per Borgo Bainsizza dopo metri 500 - Vendite in loco feriali-festivi. Informazioni Roma (776276-5139647).

A. TENUTA ETTARI 120 VILLA PADRONALE, 20 ETTARI VIGNETO, 50 KM.[5] ROMA - 51.39.647.

APPARTAMENTO Circeo[6] vista mare 14.000.000 purché[7] contanti.[8] Telefonare 34.51.500.

MARINA S. NICOLA ville prestigiose fronte mare grande giardino su 2 piani da L. 40.000.000 mutuo dilazioni.[9] Tel. 42.47.082.

PICCOLA TENUTA vigneto frutteto fronte strada asfaltata vicinanze Circeo lire 9 milioni contanti. Telefono 34.51.500.

VENDESI Colle Romano in zona residenziale, lotto bellissimo mq.[10] 5.600. Tel. 85.22.61 (dalle ore 12 alle 14).

VENDO villino Latina mare con giardino lire 20 milioni. Telefonare al (0773) 55.113.

VILLINI sul mare con giardino 16 milioni soltanto se 8 milioni contanti. Tel. 251.049.

---

17   ACQUISTO APPARTAMENTI-LOCALI TERRENI

Feriali L. 300 - Festivi L. 400

ACQUISTEREI[11] investimento negozi mura 15-30-50 milioni. MORGANTE. Tel. 486.816–464.231.

ACQUISTO direttamente box,[12] piccoli locali qualsiasi zona preferibilmente Monteverde Gianicolense[13] inintermediari - tel. 371.030.

IBN Studio Tecnico Consulenza Immobiliare per poter soddisfare specifiche richieste di acquisto da parte di propri clienti propone contatti con proprietari di immobili siti a Montesacro Appia Montemario Trionfale.[14] Perizie gratuite. Completa assistenza sotto ogni aspetto fino all'atto notarile. Realizzo contanti.[15] Massima riservatezza e competenza. - 371.186.

---

18   ANIMALI CACCIA-PESCA

Feriali L. 300 - Festivi L. 400

CEDO bellissimo cocker fulvo mesi tre a comprensivi affettuosi cinofili.[16] Tel. 46.35.58 ore pasti.[17]

GRAZIOSA volpina[18] taglia piccola regalasi[19] adulti veri cinofili. Telefono 867.220.

PRIVATO vende cucciolo[20] afgano nero iscritto[21] Tel. 327.42.73.

From *Il Tempo*

---

[1]**Feriali:** weekdays; **Festivi:** Sundays and holidays
[2]**L.: lire**
[3]**A.: attenzione**
[4]**SS.: strada statale,** public street
[5]**Km.: chilometri,** kilometers
[6]**Circeo:** reference to city of San Felice Circeo on Italy's western coast
[7]**purché:** provided that, on condition that
[8]**contanti:** cash
[9]**mutuo dilazioni:** mutual (agreement on) extension of payments
[10]**mq.: metri quadrati,** square meters
[11]**Acquisterei:** I would like to buy *(conditional)*
[12]**box:** lock-up garages, pre-fabs
[13]**Monteverde Gianicolense:** western area of Rome (**Monteverde**) near the Janiculum Hill
[14]**Montesacro Appia Montemario Trionfale:** all areas of Rome, N.E., S.E., N.W., S.W. respectively

ESERCIZI

A. Rispondere alle domande:

1. Quali vantaggi ha la piccola tenuta in vendita?
2. A chi telefona Lei per vendere una casa a Montemario?
3. Cosa c'è in vendita a Marina San Nicola?
4. Quando dobbiamo telefonare se vogliamo il cocker?
5. Lei è cinofilo?
6. Com'è la volpina da regalare?
7. Cosa vende l'agente privato?

B. Formare il passato remoto:

1. Il ragazzo *leggere* la pubblicità.
2. Adriana *parlare* al giornalista.
3. Loro *fare* l'annuncio subito.
4. Tu non *potere* venire.
5. Io *andare* all'azienda.

È da vendere questa motocicletta?

---

[15]**realizzo contanti:** (I have) cash available
[16]**cinofilo:** dog-lover
[17]**ore pasti:** at the dinner hours
[18]**volpina:** Pomeranian dog
[19]**regalasi:** to be given (as a gift)
[20]**cucciolo:** puppy
[21]**iscritto:** registered

Solidarietà dei netturbini[1]
per un collega cardiopatico

I netturbini al lavoro

---

[1]**netturbini:** Roman street cleaners (**nettare:** to clean; **Urbe:** Rome)

56

E' POTUTO PARTIRE PER HOUSTON GRAZIE ALLA GENEROSITÀ DEI COMPAGNI DI LAVORO E DELL'ASSESSORE ALLA N.U.,[2] CON L'ASSISTENZA DELL'ANACI[3]

Gaetano Casadei, un netturbino in forza presso la Nettezza Urbana di Roma, è partito per Houston dove sarà operato dall'équipe del prof. Cooley e dal suo primo assistente, il prof. Sandiford, di stenosi mitralica e fibrillazione atriale. Il viaggio al Centro medico del Texas è stato reso possibile oltre che[4] dall'organizzazione dell'ANACI, presieduta da Cini di Portocannone e da Bruno Amore, da un commovente gesto di solidarietà dei netturbini romani. I colleghi di lavoro di Gaetano Casadei, infatti, si sono spontaneamente quotati[5] per sovvenire alle spese di viaggio e di permanenza ad Houston del malato e di sua moglie, raccogliendo[6] oltre 3 milioni, ai quali l'on.[7] Elio Mensurati, assessore alla Nettezza Urbana e allo Sport, ha aggiunto una sua personale, cospicua contribuzione.

Nei giorni scorsi sono anche partiti per Houston, sempre con l'organizzazione dell'ANACI, Gianluca Vigiliano — 16 mesi — di Anzio; Salvatore Sorrenti — 51 anni — di Polistena e Antonio Di Pietro — 17 anni — di Roma, anch'essi affetti da gravi forme di cardiopatie.

From *Il Tempo*

---

[2]**N.U.: Nettezza Urbana:** municipal service for collecting rubbish, cleaning streets, etc.
[3]**ANACI: Associazione Nazionale Assistenza Cardiopatici Italiani:** National Association for Assistance to Italian Cardiopathics.
[4]**oltre che:** besides, in addition to
[5]**si sono quotati:** subscribed a figure, assessed themselves (**quotarsi:** to subscribe (a figure) *infinitive form*)
[6]**raccogliendo:** collecting (*present participle*)
[7]**l'on: l'onorevole:** the Honorable (*title*)

ESERCIZI

A. Rispondere alle domande:

1. Quali problemi ha il sig. Gaetano Casadei?
2. Quale mestiere fa? In quale città?
3. Per dove è partito?
4. Cosa farà lì?
5. Chi sarà il suo chirurgo?
6. Da chi è stato reso possibile il suo viaggio a Houston?
7. Cosa hanno fatto i suoi colleghi di lavoro?

8. Quanto denaro hanno raccolto?
9. Cosa ha fatto l'onorevole Mensurati?
10. Quali altre persone sono andate ad Houston?
11. Quanti anni hanno rispettivamente?
12. Quali problemi medici hanno loro?

B. *Premettere l'articolo indeterminativo:*

1. solidarietà	6. assessore
2. netturbino	7. assistenza
3. collega	8. assistente
4. compagno	9. viaggio
5. problema	10. stenosi

Si compra il giornale all'edicola.

l'amore

Poche parole

Una bella signorina andò da un celebre medico che ella sapeva molto laconico. Senza parlare gli mostrò una manina[1] che era stata[2] morsa da un gatto. Il dottore domandò:

Graffio?

Morso.

Cane?

Gatto.

Ieri?

Oggi.

Dolorosa?

No.

Il medico medicò la ferita e chiese:

Signora?

Signorina.

Sola?

Sí.

Libera?

Sí.

Sposarmi?

Sí.

E il giorno dopo erano marito e moglie.

From *Letture italiane per stranieri*, Bormioli e Pellegrinetti, Edizioni Scolastiche Mondadori, Vol I.

---

[1]**una manina:** her little hand (-*ina* is a diminutive suffix; **la mano, la manina; il piede, il piedino,** etc.)

[2]**era stata:** had been (*past perfect*)

ESERCIZI

A. *Rispondere alle domande basate sulla lettura:*

1. Dare un sinonimo per ⟨⟨laconico⟩⟩.
2. Com'è questa signorina?
3. Come si sa che il medico è famoso?
4. Perché gli fa vedere[1] la mano senza parlare?
5. Cos'è successo alla mano?
6. Prima, cosa pensa il medico del problema?
7. Invece d'un graffio, che cosa è?
8. Da quale animale è stata morsa? Quando?
9. Perché non le fa male[2] la ferita?
10. Cosa fa il medico?
11. Cosa vuol sapere?
12. Come sappiamo che la signorina è laconica pure lei?
13. Cosa fanno l'indomani?

B. *Volgere al partitivo:*

1. una bella signorina
2. un celebre medico
3. una manina morsa
4. un gatto
5. un graffio
6. un morso
7. un cane
8. una ferita
9. un marito
10. una moglie

---

[1]**fa vedere:** show (**fare vedere:** to show)
[2]**fa male:** hurt (**fare male:** to hurt)

Origini del Bacio

L'origine del bacio è all'età delle caverne. I nostri antenati sentivano per istinto che il loro organismo aveva bisogno di[1] sale e lo trovavano casualmente nel sudore della fronte e delle guance delle loro donne; cosí presero a[2] leccare loro la faccia. Probabilmente, fu a causa di[3] un movimento falso che le labbra della coppia preistorica si unirono nel primo bacio!

From *Nuova Enigmistica Tascabile — Firenze*
Reprinted by permission of Corrado Tedeschi Editore

ESERCIZI

Rispondere alle domande:

1. Da dove viene il bacio?
2. Di cosa avevano bisogno i nostri antenati?
3. Dove lo trovavano?
4. Perché le labbra si unirono?

---

[1]**aveva bisogno di:** needed (**avere bisogno di:** to need, *infinitive form*)
[2]**presero a:** began, started (*irregular passato remoto of* **prendere a:** to begin, *infinitive form*)
[3]**a causa di:** because of

Dialogo del bimbo e della luna

Il bimbo

Luna cara, luna bella
Che pendi su tetti e su nidi
Ove dorme la rondinella,
Perché mi guardi e sorridi?
Perché mi guardi e mi baci?

La luna

Ti guardo perché mi piaci
Coi tuoi semplici occhi nuovi,
Sorrido perché mi commuovi
Coi tuoi teneri occhi fidi
Coi tuoi limpidi occhi onesti:
Ti bacio perché ti resti[1]
Un ricordo soave
Quando il tempo verrà
Che sarai uomo grave
E avrai perso la chiave
Della felicità.

Angelo Silvio Novaro

From *Letture italiane per stranieri*, Bormioli e Pellegrinetti,
Edizioni Scolastiche Mondadori, Vol. I.

---

[1]**perché ti resti:** so that there will remain in you *(present subj.)*

ESERCIZI

A. Rispondere alle domande:

1. Cosa vuol sapere il bimbo?
2. Secondo Lei, al bimbo piace la luna?
3. Su che pende la luna?
4. Chi dorme nel nido?
5. Come sono gli occhi del bimbo?
6. Perché sorride la luna?
7. Perché la luna lo bacia?
8. Che tempo verrà per il bambino?
9. Cosa deve ricordare, secondo la luna?
10. Cosa avrà perduto quando sarà grande?

B. Accoppiare le frasi con i disegni:

1. Che pendi su tetti . . .
2. Che pendi . . . su nidi . . .
3. Ove dorme la rondinella . . .
4. Perché mi guardi e mi baci?
5. Coi tuoi semplici occhi nuovi . . .
6. E avrai perso la chiave della felicità.

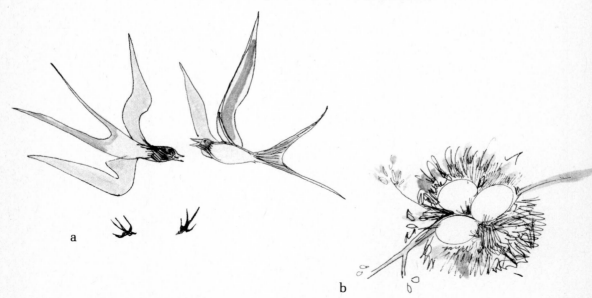

a

b

c

d

f

e

CI INTERESSANO SOLO LE PERSONE CHE TENGONO VERAMENTE AL PROPRIO CANE[1] O DESIDERANO AVERNE UNO

È per queste, infatti, che si è costituito, anche in Italia, il

club zampamica[2]

Desidero iscrivermi al **club zampamica**, a tal fine invio la quota associativa di L.[3]5.000.

- ○ a mezzo assegno bancario
- ○ a mezzo lettera raccomandata
- ○ a mezzo versamento di L. 5.000 sul c/c[4]postale n.[5] 19/2770

Resta inteso che riceverò subito la tessera di socio che mi darà diritto a tutti i servizi del Club e a tutte le facilitazioni e gli sconti sopra descritti. **Nessun'altra somma mi sarà richiesta per l'utilizzazione dei servizi del Club.**

Nome ______

Cognome ______

Indirizzo ______

Città ______ C.A.P.[6] ______

club zampamica

Desidero ricevere contrassegno la prima offerta speciale - **club zampamica** - costituita da 24 barattoli di 'Gran Pâté' a base di carne e riso al prezzo speciale di L. 3.950 (L. 3.555 per i soci del Club) anziché L. 5.300.

Nome ______

Cognome ______

Indirizzo ______

Città ______ C.A.P. ______

Firma del Committente

______

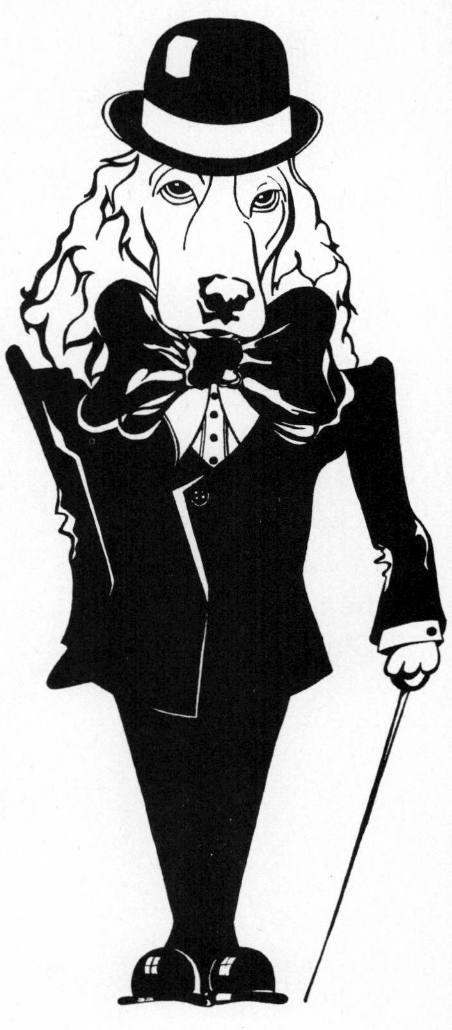

Reprinted by permission of
Club Zampamica, Ospedalicchio Bastia, Italy.

[1]**che tengono veramente al proprio cane:** who really care about their own
[2]**zampamica: zampa:** (animal's) paw, **amico:** friend
[3]**L.:** abbr. **Lire**
[4]**c/c:** abbr. **conto corrente:** current account
[5]**N.:** abbr. **numero**
[6]**C.A.P.:** abbr. **Codice Avviamento Postale:** Postal Zip Code

Compilate i tagliandi e spediteli a : **club zampamica**
06083 OSPEDALICCHIO BASTIA (Perugia)

ATTENZIONE

in occasione della sua costituzione, il **club zampamica**
propone a tutti, SOCI E NON SOCI,
una prima offerta speciale costituita da 24 barattoli di « Gran
Pâté » a base di carne e riso al **prezzo speciale** di L. 3.950 (anziché L. 5.300) per i non soci e L. 3.555 per chi si associa subito
al Club.

ESERCIZI

Rispondere alle domande con una frase completa:

1. Solo quali persone interessano al Club Zampamica?
2. Per chi si è costituito il Club Zampamica?
3. Cos'è la prima offerta speciale ai soci e ai non soci?
4. « Gran Paté » è a base di che cosa?
5. Quanto costano normalmente 24 barattoli?
6. Quanto risparmiamo con il prezzo speciale?
7. Quanto può risparmiare la persona che si associa subito al club?
8. Nell'illustrazione qui sopra la persona a destra a chi dà la mano?[1]

---

[1]**dà la mano:** shakes hands (**dare la mano a:** to shake hands with)

Rio Bo

Tre casettine
dai tetti aguzzi,
un verde praticello,
un esiguo ruscello: Rio Bo,[1]
un vigile cipresso.
Microscopico paese, è vero,
paese da nulla,[2] ma però . . .
c'è sempre di sopra una stella,
una grande, magnifica stella,
che a un dipresso[3] . . .
occhieggia con la punta del cipresso
di Rio Bo.
Una stella innamorata!
Chi sa
se nemmeno ce l'à[4]
una grande città.

Aldo Palazzeschi
© 1971 by Arnoldo Mondadori Editore

ESERCIZI

A. Rispondere alle domande:

1. Come sono le tre casettine?
2. Di che colore è il prato?
3. Com'è il ruscello?

---

[1]**Rio Bo:** *city of the poet's imagination*
[2]**da nulla:** of little importance
[3]**a un dipresso:** nearly
[4]**ce l'à: ci+la+ha:** has one (of them) the **ci** is pleonastic in this case

4. Com'è il cipresso?
5. In cosa consiste Rio Bo?
6. È un gran paese?
7. Rio Bo è importante?
8. Cosa c'è sopra il paese?
9. Com'è questa stella?
10. Cosa fanno la stella e il cipresso?
11. Che cosa ha Rio Bo che non ha una grande città?

B. *Trovare le parole della poesia che descrivono questi disegni:*

a

b

c

d

Piccolo gioiello sentimentale

《Come a quella piccina piacevano i fiori! Una cosa straordinaria!》

Ma non poteva averne che[1] pochi e di rado[2]: che infelicità!

《I fiori sono delle spese inutili》, ripeteva la grossa madre sbuffando.[3] 《Una famiglia non può permettersi il lusso[4] di gettar denaro in simili buggerate.》

---

[1]**non poteva averne che:** she could only have (**non . . . che:** only; **ne:** of them)
[2]**di rado:** rarely
[3]**sbuffando:** panting, puffing (*present participle*)
[4]**permettersi il lusso:** to indulge oneself (*infinitive form*)

I piu bei fiori
che si possano trovare

Per due belle rose sarebbe andata[5] a letto senza cena.
Morí la piccola sentimentale.

Ora la madre le porta in cimitero, ogni settimana, i
piú bei fiori che si possano[6] trovare, che si conoscano.[7]

«I suoi fiori!» ripete la grossa donna sbuffando lunghi sospiri:

«Come a quella povera piccina piacevano i fiori! una
cosa straordinaria!»

From *Tutte le opere* by Aldo Palazzeschi
© 1960 by Arnoldo Mondadori Editore

---

[5]**sarebbe andata:** she would have gone *(past conditional)*
[6]**si possano:** can be *(the use of the present subjunctive depends upon* «**i piú
bei . . .**»*)*
[7]**si conoscano:** are known *(present subjunctive: see note 6)*

ESERCIZI

A. Rispondere alle domande:

1. Alla povera ragazza che cosa piaceva tanto?
2. Perché non poteva avere sempre dei fiori?
3. Come era la madre?
4. Cos'è una « buggerata »?
5. Che cosa avrebbe fatto[1] la bambina per due rose?
6. Che è successo alla bambina?
7. Cosa fa la madre ora?

B. Espressioni da adoperare in frasi:

1. di rado
2. permettersi il lusso
3. non ... che

C. Formare il partitivo e poi tradurre la frase:

1. la povera piccina
2. i fiori
3. una cosa straordinaria
4. la grossa madre
5. una famiglia
6. una bella rosa

D. Descrivere le quattro illustrazioni con le parole incluse nella lettura:

---

[1]**avrebbe fatto:** would have done *(past conditional)*

b

c

d

73

L'asino e il pappagallo

In un mulino c'era oltre all'asino che menava la ruota,[1] un pappagallo che sapeva dire *poveretto* e il nome del padrone e tante altre cose. Si sentivano male ambedue e venne il medico.

« È per me! » disse il pappagallo. « Si curano di[2] me perché ho delle belle piume. »

« Ma no! » rispose l'asino. « Il medico è stato chiamato per me, perché sono io che meno la ruota. »

« Ma io so dire *poveretto!* »

« Ma io meno la ruota. »

« Ma io saluto il padrone quando passa. »

« Ma io meno la ruota. »

Il medico curò l'asino e lasciò crepare[3] il pappagallo.

È fatto cosí il mondo ed è da meravigliarsi[4] che il grigio della pelle dell'asino non ricopra[5] tutta la terra e che non scompaiano[6] del tutto[7] le vaghe piume colorate.

From Italo Svevo, *Opera Omnia*
(Favole), "Racconti, Saggi, Pagine Sparse", Vol. III.
© dall'Oglio editore, Milano 1968

---

[1]**menava la ruota:** pushed the lever-bar of a mill stone around in circles; (**menare la ruota:** to grind grain, crush olives, grapes, etc. *infinitive form*)

[2]**si curano di:** they are taking care . . . ; (**curarsi di:** to care for *infinitive form*)

[3]**crepare:** to croak, kick the bucket *(a colorful and irreverent synonym of* **morire,** *infinitive form)*

[4]**da meravigliarsi:** to be marvelled at

[5]**non ricopra:** doesn't cover *(present subjunctive)*

[6]**non scompaiano:** don't disappear *(present subjunctive)*

[7]**del tutto:** completely

ESERCIZI

A. *Rispondere con una frase completa:*

1. Chi c'era al mulino?
2. Quale lavoro faceva l'asino?
3. Cosa sapeva dire il pappagallo?
4. Secondo Lei quale scopo aveva nella vita il pappagallo?
5. Perché il medico curò l'asino?
6. Cosa vuol dire lusingatore?

B. *Completare le frasi con il verbo al tempo presente:*

1. menare: L'asino___la ruota.
2. sapere: Un pappagallo___dire *poveretto*.
3. ammalarsi: ___ambedue.
4. venire: Il medico ___.
5. dire: Il pappagallo___«È per me.»
6. avere: Gli animali___delle belle piume.
7. scomparire: Tutti___.
8. rispondere: «Ma no!»___l'asino.
9. salutare: Noi___il padrone.
10. curarsi di: I medici___il pappagallo.

C. Scegliere le frasi che descrivono le quattro illustrazioni:

1. In un mulino c'era . . . l'asino che menava la ruota . . .
2. . . . un pappagallo che sapeva dire *poveretto* . . .
3. . . . e venne il medico . . .
4. Si curano di me perché ho delle belle piume.
5. Io saluto il padrone quando passa.
6. «. . . sono io che meno la ruota.»

c

d

Necrologia

Ieri 8 ottobre è improvvisamente scomparso

GASPARE G.

Con profondo dolore ne danno il triste annuncio: la moglie MARIA S., i figli GIUSEPPINA, GABRIELLA, MATILDE e AUGUSTO; i generi ANTONIO P., GIUSEPPE N., PAOLO M.; la nuora DONATELLA B., i fratelli DANTE, ALESSANDRO e GIOVANNI con le rispettive famiglie; i parenti tutti.

I funerali avranno luogo[1] alle ore 15 di oggi nella Parrocchia di S. Maria del Carmine e San Giuseppe, via del Casaletto 691.

I nipoti GIOVANNA, BENEDETTO, MARIALUISA, FRANCESCA, ALESSANDRA, EMANUELA e STEFANO sono affettuosamente vicini a Zia Maria nel rimpianto del carissimo

Zio GIOVANNINO P.

1970	1974

ANNIVERSARIO

Oggi ricorre il quarto doloroso anniversario della scomparsa del
**CONTE
GRAND'UFF.[2]DOTTOR**

WALTER P.

La sorella, i fratelli, i nipoti e i parenti Lo ricordano con immutato rimpianto e infinita tenerezza.

9 ottobre 1974

Colpita da inesorabile malattia sopportata con dignità e cristiana rassegnazione, assistita amorevolmente dalle figlie FERNANDA e LUCIANA e da ogni conforto religioso, ha cessato la Sua laboriosa esistenza all'età di 87 anni

BEATRICE AGNESE S.

ved.[3] G.

Le figlie tutte ne danno il triste annuncio e ringraziano i sanitari e il personale dell'Ospedale Fatebenefratelli per la loro sentita opera.

I funerali si svolgeranno il giorno 10 ottobre alle ore 15 nella parrocchia della Divina Provvidenza in via Donna Olimpia.

53.77.777 - D.CO CHIERICONI
Circonvallazione Gianicoense, 209

Martedì 8 ottobre ha terminato cristianamente la sua lunga e operosa vita terrena

GIANFILIPPO M.

di anni 91

Addolorati ma pienamente rassegnati alla volontà del Signore ne danno l'annuncio i figli PIETRO, GAETANO e CARLO, il fratello FRANCESCO con la moglie MARIA R., le nuore LAVINIA S. ved. M. e RENATA T., i nipoti, i pronipoti e i parenti tutti.

La santa messa esequiale sarà celebrata nella Cattedrale Tuscolana giovedì 10 alle ore 11.

Si dispensa dalle visite e dai fiori. Si prega di devolvere eventuali offerte all'Orfanotrofio M. in Frascati.

Frascati 8 ottobre 1974.

Dopo lunghi giorni di sofferenza sopportata con dignità e con cristiana rassegnazione, è mancato all'affetto dei Suoi cari

SETTIMIO C.

Lo partecipano la moglie ANNA M., i figli MARIA, ANDREA con la moglie ANNA M. e GIOVANNA con il marito GIANFRANCO G., la sorella ANNA MARIA C.J., i diletti nipoti, i cognati e i parenti tutti.

Roma, 8 ottobre 1974

Società ARMANDO ZEGA & C.
Via Romagna 28 - Telef. 46.96

Il 23 settembre 1974, è deceduto ad Houston nel Texas

RINALDO D.

Procuratore Capo dell'U.T.I.F.[4] a riposo[5]

La Salma muovera alle ore 14,30 di oggi 9 ottobre dall'ingresso dell'Autostrada Roma Napoli per Isoletta (FR)[6] ove alle ore 16 saranno celebrate le esequie.

Il 7 ottobre si è spento il
N.H.[7]

ATTILIO de R.

Cavaliere di Vittorio Veneto

Ne danno il doloroso annuncio la figlia ADA con il marito BRUNO S., l'adorato nipote CARLO, i parenti tutti e la devota ELSA.

I funerali avranno luogo il giorno 9 corrente alle ore 15 nella Basilica di San Pancrazio.

From Il Tempo

---

[1]**avranno luogo:** will take place
[2]**Grand'Ufficiale,** *official title given by the Italian government to those who have rendered particular service to the republic*
[3]**ved.,** *abbreviation for* **vedova:** widow
[4]**U.T.I.F.: Uffici Tecnici Imposte Fabbricazione:** Technical Offices for Manufacturing Taxes
[5]**a riposo:** retired
[6]**FR: Frosinone,** City south of Rome
[7]**N.H., Nobil Homo:** *term of respect, at one time but no longer denoting actual nobility* (**N.D., Nobil Donna,** *for women*)

ESERCIZI

Rispondere alle domande:

1. Quando è morto Gaspere G.?
2. Chi dà l'annuncio?
3. Quando avranno luogo i funerali?
4. Di chi era nonno il sig. G.?
5. Da quanti anni è morto Walter P.?
6. Quali titoli portava durante la vita?
7. Come si chiamano le figlie di Beatrice Agnese S.?
8. Quanti anni aveva?
9. Come ha sopportato la malattia?
10. Come si chiama la clinica in cui stava?
11. Dove si deve mandare l'offerta in nome del sig. Gian-filippo M.?
12. Dov'è morto Rinaldo D.?
13. Dove vi sarà la messa esequiale per Attilio de R.?

Le tombe al cimitero

*Scheletri
rivestiti del saio
in grotte artificiali
fatte di teschi*

Paranoia o allegoria?

Nella mondanissima via Veneto sorge la chiesa di Santa Maria della Concezione, chiamata comunemente «i Cappuccini,» costruita nel 1626 per il cardinale Antonio Barberini, cappuccino, fratello di papa Urbano VIII. Le pareti delle sue cinque cappelle sotterranee sono interamente ricoperte dai teschi e dalle ossa di 4000 frati cappuccini, sistemati in macabre composizioni. E benché la guida assicuri[1] che la «meravigliosa singolarità . . . non rovina affatto la pietà del sepolcro,» si tratta[2] senza dubbio della piú irriverente fra le

---

[1] **assicuri:** assures (us) *(present subjunctive)*
[2] **si tratta:** it is a matter of (**trattarsi di:** to be a matter of, to deal with . . . in subject matter; *infinitive form*)

80

tante decorazioni che mettono a partito³ poveri resti umani. Cinque scheletri rivestiti del saio se ne stanno rannicchiati come statue da giardino, in grotte artificiali fatte di teschi. Tibie, vertebre, e scapole disegnano lesene e rosoni; festoni e ghirlande intrecciano e formano perfino i lampadari, tutto nel piú puro stile Luigi XVI. Quando però si sa che fu un francese a progettare l'opera e a dirigere i lavori, come non vedere in quell'*assemblage maniacale* una profetica allegoria della fine dell'*ancien régime*?

ESERCIZI

A. Rispondere alle domande:

1. Come si chiama «ufficialmente» la chiesa dei Cappuccini?
2. Dove si trova la chiesa? Perché è ironico questo posto?
3. Quando fu costruita? Per chi? Di chi era fratello?
4. Come sono le pareti delle cappelle sotterranee?
5. Hanno adoperato le ossa di quanti cappuccini?
6. Come sono vestiti gli scheletri?
7. Come sono le decorazioni che hanno fatte?
8. Di che stile è il progetto intero?
9. La cappella è un'allegoria di che cosa?
10. Le piacerebbe la Sua casa decorata in questa maniera?

---

³**mettono a partito:** put to use (**mettere a partito:** to use for advantage, to put to use, to use; *infinitive form*)

B. Premettere l'aggettivo giusto:

1. Nella ___via Veneto sorge la chiesa.
2. Le pareti delle ___cappelle sono ricoperte dai teschi.
3. Sono sistemati in ___composizioni.

C. Premettere l'aggettivo "buono" ai sostantivi e poi volgere al plurale: es. una via, una buona via, delle buone vie:

1. una chiesa
2. il cardinale
3. il fratello
4. la parete
5. l'osso
6. l'umano
7. lo scheletro
8. l'opera
9. l'allegoria
10. la fine

Andiamo alla Messa Commemorativa?

VICARIATO DI ROMA

CENTENARIO della NASCITA DI PIO XII

Fedeli di Roma

Il 7 marzo p. v. ricorre il centenario della nascita del venerato Pontefice Pio XII, che in tempi tristissimi di guerra si meritò il titolo di "Defensor Civitatis,,

Papa di statura morale eccezionale, è romano e fu Vescovo di Roma che predilesse su tutte le Città.

Il Santo Padre Paolo VI, Suo Successore, intende celebrarne personalmente la memoria e desidera farlo in unione con la Sua Città di Roma cristiana.

Il Vicariato di Roma nel darne comunicazione, si fa promotore della celebrazione.

Le Parrocchie romane, le organizzazioni cristiane e civiche, autorità e popolo sono invitati a partecipare nella BASILICA DI S. PIETRO, Domenica 7 marzo, alle ore 10,30 alla S. Messa commemorativa che sarà celebrata dallo stesso Sommo Pontefice, Papa Paolo VI.

Il Cardinale Vicario
Ugo Card. Poletti

Roma 11 Febbraio 1976

*Il monumento di Pio XII
al Vaticano*

Il 16 anniversario della morte di Pio XII

Ricorrendo[1] oggi il 16. anniversario della morte di Pio XII, a cura del[2] «Comitato tra romani pro Pio XII» sarà deposta una corona di fiori sulla tomba del grande Pontefice.

From *Il Tempo*

ESERCIZI

Rispondere alle domande:

1. Chi è morto sedici anni fa?
2. Chi era? Era famoso?
3. Lo ricorda Lei personalmente?
4. Chi metterà la corona sulla tomba?

---

[1]**ricorrendo:** recurring *(present participle)*
[2]**a cura del:** under the direction of

l'uomo e la natura

I pini solitari

Pini solitari

I pini solitari lungo il mare
desolato non sanno del mio amore.
Li sveglia il vento, la pioggia
dolce li bacia, il tuono
lontano li addormenta.
Ma i pini solitari non sapranno
mai del mio amore, mai della mia gioia.

Amore della terra, colma gioia
incompresa. Oh dove porti
lontano! Un giorno
i pini solitari non vedranno
— la pioggia li lecca, il sole li addormenta —
coll'amore danzare la mia morte.

Sandro Penna

From *Tutte le poesie* © Aldo Garzanti Editore 1957, 1970

ESERCIZI

Rispondere alle domande:

1. Cosa non sanno i pini?
2. Dove sono?
3. Com'è il mare?
4. Da che sono baciati i pini?
5. Cosa li addormenta?
6. L'amore del poeta è triste o allegro?
7. Di che è innamorato?
8. Dove porta quest'amore?
9. Cosa non vedranno i pini nel futuro?
10. Cosa danzerà con l'amore?

I manifesti politici

Paesi

Esplodon le simpatiche campane
d'un bianco campanile, sopra tetti
grigi: donne, con rossi fazzoletti,
cavano da un rotondo forno il pane.

Ammazzano un maiale nella neve,
tra un gruppo di bambini affascinati
dal sangue, che, con gli occhi spalancati,
aspettan la crudele agonia breve.

Gettano i galli vittoriosi squilli.
I buoi escono dai fienili neri;
si sporgono su l'argine tranquilli,

scendono a bere, gravi, acqua d'argento.
Nei campi rosei, bianchi, i cimiteri
sperano in mezzo al verde del frumento.

Corrado Govoni
From *Poesie scelte* © 1961 by Arnoldo Mondadori Editore

ESERCIZI

A. Rispondere alle domande:

1. Come sono le campane? Cosa fanno?
2. Cos'è un campanile? Di che colore è questo campanile?
3. Come sono i tetti?
4. Cosa portano addosso le donne?
5. Da dove cavano il pane?
6. Cosa uccidono? Dove?
7. Perché i bambini sono affascinati?
8. Come sono gli occhi dei bambini?
9. Cosa aspettano?
10. Cosa fanno i galli?
11. Da dove vengono i buoi?
12. Perché scendono? Com'è l'acqua?

13. Come sono i campi?
14. Dove sono i cimiteri?
15. Cosa fanno?

B. *Descrivere i disegni delle pagine 87–88 con le parole delle poesie:* **Pini solitari** *e* **Paesi:**

d

e

f

g

h

Castagne?
200 Lire

Autunno

Autunno. Già lo sentimmo venire
nel vento di agosto,
nelle piogge di settembre
torrenziali e piangenti,
e un brivido percorse la terra
che ora, nuda e triste
accoglie un sole smarrito.
Ora passa e declina,
in quest'autunno che incede
con lentezza indicìbile,
il miglior tempo della nostra vita
e lungamente ci dice addio.

Vincenzo Cardarelli
From *Poesie* © 1962 by Arnoldo Mondadori Editore

ESERCIZI

Rispondere alle domande:

1. Quando sentiamo venire l'autunno?
2. Come sono le piogge di settembre?
3. Cosa percorre la terra?
4. Com'è la terra ora? e il sole?
5. Cosa passa in autunno?
6. Cosa ci dice questo tempo della vita?
7. Questa poesia è ottimista o pessimista secondo Lei?

l'arte della cucina italiana

La pasta

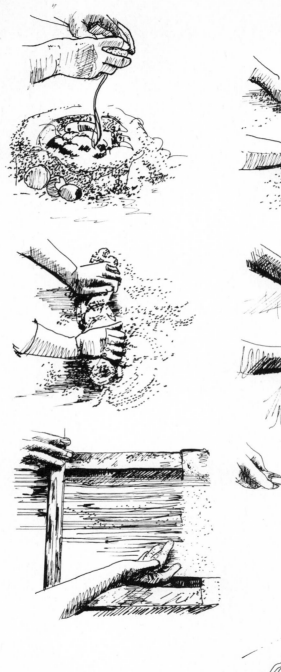

90

Accanto, in sequenza, la preparazione dei maccheroni alla chitarra, piatto classico abruzzese, grande specialità del ristorante *Tatobbe* di Penne, in collina presso Pescara. I maccheroni alla chitarra sono un piatto di estrema semplicità. Tutta la sapienza sta nell'impasto della sfoglia e nel taglio di questa, sull'arcaico strumento a corde[1] che somiglia, appunto, a una chitarra.

Reprinted by permission of
Arnoldo Mondadore Editore

ESERCIZI

Rispondere alle domande:

1. Perché questa specie di pasta si chiama «alla chitarra»?
2. Questi maccheroni sono specialità di quale regione?
3. A quale ristorante possiamo ordinarli?
4. Come si chiama la città principale vicino al ristorante?
5. È complicato questo piatto?
6. È moderno o vecchio lo strumento che somiglia a una chitarra?
7. Dov'è la sapienza nel fare questo piatto?
8. Quali sono i due ingredienti che vediamo nella prima illustrazione?
9. Sono lunghi o corti questi maccheroni secondo l'ultima illustrazione?

---

[1]**strumento a corde:** stringed instrument

Il pesce

Preparazione del brodetto all'anconetana all'*Hotel Fortino Napoleonico* di Portonovo, presso Ancona. Dall'alto, in sequenza, l'aggiungersi graduale degli ingredienti che, oltre a una ricca varietà di pesci e crostacei, sono: l'olio, l'aglio, il prezzemolo, le cipolle, il pomodoro, il peperoncino rosso, l'aceto e il sale.

Reprinted by permission of
Arnoldo Mondadori Editore

ESERCIZI

A. Premettere l'articolo determinativo:

1. pesci	6. cipolle
2. crostacei	7. pomodoro
3. olio	8. peperoncino
4. aglio	9. aceto
5. prezzemolo	10. sale

B. Premettere l'articolo indeterminativo:

1. preparazione
2. brodo
3. hotel
4. ingredienti
5. varietà

C. Volgere al plurale le parole degli esercizi I e II.

Detti e proverbi sui pesci

Muto come un pesce: si dice di una persona che non parla, che sa tenere la bocca chiusa.

Nuota come un pesce nell'acqua: si dice di una persona che sa destreggiarsi con sicurezza anche nelle situazioni più complicate.

Si comporta come un pesce fuori dall'acqua: come sopra, ma al contrario.

Il pesce è piccolo ma crescerà: si dice di una persona o di una cosa di poco conto[1] al momento ma che si presume diventerà importante.

Non sa in che salsa mangiare il pesce: si dice di una persona che si mostra troppo indecisa a fare qualcosa.

Lasciare il pesce piccolo per quello grosso: si dice quando si rinuncia ad un modesto affare o vantaggio in previsione di[2] uno maggiore (è il contrario di « meglio un uovo oggi che una gallina domani »).

---

[1]**di poco conto:** of little importance
[2]**in previsione di:** in expectation of

Asciugherebbe[3] il mare con tutti i pesci dentro: si dice di persona dotata di sete o di appetito smisurati; l'espressione si usa anche per indicare avidità negli affari.

La salsa fa passare il pesce: si dice in senso proprio[4] a proposito di un piatto mediocre ma ben preparato ed in senso figurato di una cosa sgradevole ma che qualche particolare attrattiva rende sopportabile.

From *Grand Hotel*, No. 1362 (supplemento)

Alla pescheria

---

[3]**asciugherebbe:** would dry up (*conditional*)
[4]**in senso proprio:** literally (**in senso figurato:** figuratively)

ESERCIZI

A. Accordare il proverbio con la giusta definizione:

1. muto come un pesce
2. il pesce è piccolo ma crescerà
3. lasciare il pesce piccolo per quello grosso
4. nuota come un pesce nell'acqua
5. asciugherebbe[1] il mare con tutti i pesci dentro
6. non sa in che salsa mangiare il pesce
7. si comporta come un pesce fuori dall'acqua
8. la salsa fa passare il pesce

a. una persona sicura di sé
b. una persona non molto sicura di sé
c. una persona indecisa
d. il contrario di: meglio un uovo oggi che una gallina domani
e. una persona che non parla molto
f. una persona che sarà importante
g. una persona che mangia molto
h. un piatto discreto ma ben preparato

B. Accordare i disegni con i proverbi:

1. muto come un pesce
2. nuota come un pesce nell'acqua
3. non sa in che salsa mangiare il pesce

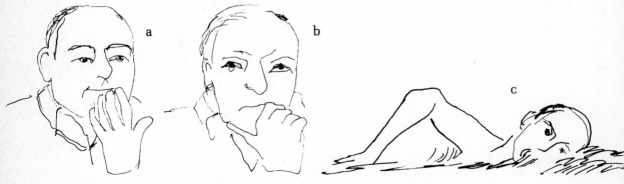

La carne

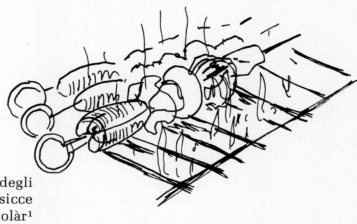

La catasta degli spiedini e delle salsicce friulane sul fogolàr[1] della *Vedova,* a Udine. Gli spiedini sono composti di petti e fegatini di pollo e polpa di maiale e di vitello. Fra l'uno e l'altro pezzo di carne c'è una fettina di pancetta.

Il risotto con l'anatra, uno fra i piatti piu gustosi del ristorante *La Vedova.*

La preparazione degli gnocchi di patate.

Reprinted by permission of Arnoldo Mondadori Editore

[1]**fogolàr:** *dial.;* **fogolare:** hearth

ESERCIZI

A. Rispondere alle domande:

1. Come si chiama il ristorante di cui si parla?
2. In quale regione troviamo questo ristorante?
3. Di cosa sono composti gli spiedini?
4. Cosa c'è fra i pezzi di carne?
5. Dove si mangia il risotto con l'anatra?
6. Di cosa sono fatti gli gnocchi?

B. Queste sono alcune delle parole che descrivono i desegni:
premettere le preposizioni: a, di, da con gli articoli de-
terminativi alle parole:

1. catasta
2. spiedini
3. salsicce
4. vedova
5. petto
6. fegato
7. pollo
8. polpa
9. piatti
10. maiale
11. vitello
12. pezzo
13. carne
14. fettina
15. pancetta
16. risotto
17. anatra
18. ristorante

Le verdure

Fra gli splendidi ortaggi di Puglia appare la pignata, simbolo dell'omonimo locale di Bari. La pignata è un recipiente di terracotta in cui i contadini mettono verdure, che portano al forno la mattina, prima di recarsi al lavoro nei campi, per ritirarle, cotte, alla sera.

Reprinted by permission of Arnoldo Mondadori Editore

ESERCIZI

Rispondere alle domande:

1. Cos'è una «pignata»?
2. Di cosa è simbolo?
3. Qual è una città principale della regione di Puglia?
4. Di cosa è fatta la pignata?
5. Cosa mettono i contadini dentro la pignata?
6. Dove la portano poi? Quando?
7. Dove vanno dopo?
8. Quando la ritirano?
9. Come sono le verdure la sera?
10. Dare degli esempi di «ortaggi» e «verdure».

14.

qualche ricetta

La carne o il pollo?

Tonno alla graticola[1] con salsa tartara:

(per sei persone)
—6 fette di tonno dello spessore di 2 cm.[2]
—3 dl.[3] di salsa tartara
—1 dl. di olio
—una marinata composta di olio, vino bianco, cipolla affettata, prezzemolo tritato, timo e lauro sbriciolati, sale e pepe
—un poco di mollica di pane seccata nel forno e grattugiata fine
—3 limoni

—mettere le fette di tonno nella marinata per un'oretta rivoltandole di tanto in tanto[4]
—allineare le fette di tonno, unte di olio, su una griglia già molto calda dopo averle fatte leggermente dorare da ambedue le parti
—abbassare la fiamma e continuare la cottura cospargendole[5] di olio di tanto in tanto
—a cottura quasi completa, coprire le fette di mollica di pane grattugiata e ungerle di nuovo[6] abbondantemente con l'olio
—finire di cuocerle sulla griglia oppure in una teglia nel forno
—mettere le fette, cotte al punto giusto, in un piatto di servizio, guarnirle con mezzi limoni e servirle passando a parte[7] la salsa tartara

From *Grand Hotel*, No. 1362
(Supplemento).

---

[1]**alla graticola:** grilled
[2]**cm.:** centimetro
[3]**dl.:** decilitro
[4]**di tanto in tanto:** every now and then
[5]**cospargendole:** sprinkling them (*present participle*)
[6]**di nuovo:** again
[7]**passando a parte:** passing on the side (*present participle*)

Baccalà alla pizzaiola

(per 6 persone)
—1 kg.[1] di baccalà
—1 dl. di olio
—500 gr.[2] di polpa di pomodoro, bene asciutta e tagliata a filetti
—un trito di aglio e basilico, mescolato con un pizzico di origano e di pepe bianco appena macinato

—tagliare il baccalà in pezzi di circa 60 gr.
—spellarli, spinarli
—metterli in una casseruola ben ricoperti di acqua fredda
—far bollire a calore moderato
—sgocciolarli dopo 5 minuti dall'inizio dell'ebollizione
—accertarsi del loro punto di salatura
—allinearli in una teglia cosparsa leggermente di olio
—ricoprirli con i filetti di pomodori e col trito di aglio e basilico mescolato con l'origano e il pepe
—spruzzare di olio
—passare la teglia nel forno
—ritirarla dopo circa mezz'ora e servire

From *Grand Hotel*, No. 1362
(Supplemento).

---

[1]**kg.: kilo:** chilo
[2]**gr.: grammo:** gram

ESERCIZI

A. *Rispondere alle domande:*

1. Quali sono gli ingredienti del tonno alla graticola?
2. Come si fa la marinata?
3. Per quanto tempo si deve marinare il tonno?
4. Poi dove mettiamo le fette di tonno?
5. Di cosa copriamo le fette?
6. Come si sa quando le fette sono cotte «al punto giusto»?
7. Per fare il baccalà, quali utensili dobbiamo adoperare?
8. Per quanto tempo si fanno bollire i pezzi di baccalà?
9. Dopo la bollitura cosa si fa?
10. Quali spezie dobbiamo adoperare per questa ricetta?

B. *Volgere al plurale e poi aggiungere un altro aggettivo:*

1. la salsa tartara
2. il vino bianco
3. l'olio d'oliva
4. la cipolla affettata
5. il prezzemolo tritato
6. il timo sbriciolato
7. la mollica seccata
8. la fetta asciutta
9. la griglia calda
10. la cottura completa

C. *Rifare le frasi cambiando[1] i verbi alla prima persona del presente:*

1. *Mettere* le fette di tonno nella marinata.
2. *Allineare* le fette di tonno.
3. *Abbassare* la fiamma.
4. *Continuare* la cottura.

---

[1]**cambiando:** changing *(present participle)*

103

D. *Rifare le frasi cambiando i verbi alla terza persona plurale del futuro:*

1. *Coprire le fette di mollica.*
2. *Ungerle di nuovo con olio.*
3. *Finire di cuocerli sulla griglia.*
4. *Guarnirle con mezzi limoni.*
5. *Servirle passando[1] la salsa tartara.*

E. *Accoppiare gli ingredienti disegnati con la ricetta relativa:*

---

[1]**passando:** passing *(present participle)*

LA RICETTA DI LUNEDÌ

Patate farcite al forno

Cuocete al forno 8 grosse patate, senza sbucciarle; scavatele all'interno e schiacciate la polpa; mescolatela con 100 gr. di prosciutto cotto affumicato, 40 gr. di funghi, tritati e cotti in un po' di olio e burro, 2 cucchiai di parmigiano grattugiato, sale, pepe e un po' di prezzemolo tritato. Farcite con questo composto le patate e sopra ciascuna ponete un po' di parmigiano e un fiocchetto di burro. Fatele gratinare in forno caldo per circa 15 minuti.

LA RICETTA DI MERCOLEDÌ

Zucchine alla parmigiana

Tagliate 10 belle zucchine a fette nel senso verticale; infarinatele leggermente e friggetele in olio bollente; scolatele sopra una carta che assorba l'unto; distribuitele a strati in una teglia, alternandole a fettine di mozzarella e salsa di pomodoro; sull'ultimo strato, che deve essere di salsa di pomodoro, spargete abbondante parmigiano e foglie di basilico. Ponete in forno già caldo per 15 minuti.

LA RICETTA DI SABATO

Pollo in casseruola al basilico

Tagliate a pezzi un pollo, lavateli, asciugateli e fateli rosolare in una casseruola con un po' di olio e burro; quando sono coloriti, salateli, pepateli, innaffiate con un po' di vino bianco secco, abbassate la fiamma, coprite e lasciate cuocere per tre quarti d'ora. Togliete il pollo e nel sugo di cottura, unite ancora un po' di vino e una grossa manciata di basilico, tritato finemente. Mescolate, fate ridurre un poco e versate la salsetta sopra il pollo.

From *Grand Hotel*, No. 1362
(Supplemento).

ESERCIZI

A. *Rispondere alle domande:*

1. Per fare la prima ricetta, quante patate dobbiamo avere?
2. Cosa si fa con l'interno delle patate?
3. Come si preparano i funghi? Con quali altri ingredienti?
4. Che cosa si mette sopra le patate farcite?
5. Per quanto tempo si gratinano in forno caldo?
6. Per preparare la ricetta delle zucchine bastano cinque zucchine?
7. Come deve essere l'olio per friggere le zucchine?
8. Cosa si mette sopra le zucchine una volta che[1] sono nella teglia?
9. Per quanto tempo stanno nel forno?
10. Elencare tutti gli ingredienti necessari per il pollo al basilico.

---

[1]**una volta che:** once

11. Di tutte queste ricette quale preferisce Lei? Perché?
12. Sarebbe² facile fare una cena all'italiana per tutta la classe dividendo³ le ricette e il lavoro?

B. *Organizzare una cena per questa classe guardando bene⁴ di stabilire il menú molto prima e di dividere il lavoro ugualmente fra gli studenti.*

C. *Gli utensili per la cucina: premettere un numero e un aggettivo:*

tovagliuolo	padella
cucchiaio	bicchiere
cazzaruola	forchetta
tegame	coltello
piatto	pentola

D. *Un piccolo vocabolario culinario: farne una lista (a) delle carni, (b) delle verdure, (c) delle spezie, (d) dei formaggi, (e) delle paste, ed (f) delle altre parole:*

ravioli	minestra	finocchio
ricotta	carne	carota
parmigiano	minestrone	patata
uova	brodo	zucchino
bietola	fagioli	cipolla
spezie	cavolo	maiale
lardo	spinaci	pomodoro
sale e pepe	prosciutto	conserva
farina	aglio	riso
sugo	prezzemolo	vitello
burro	sedano	manzo
pollo	olio	lesso

---

²**sarebbe:** would it be
³**dividendo:** dividing *(present participle)*
⁴**guardando bene:** taking care, making sure *(present participle)*

15

per le ore di riposo

Cinevarietà

I nuovi films

CINEVARIETÀ

VOLTURNO: Un tram che si chiama desiderio e Rivista di spogliarello[1]

CINEMA

I locali contrassegnati con l'asterisco praticano la riduzione ENAL.[2]

PRIME VISIONI[3]

ADRIANO: Piazza Cavour 22, telefono 352 153; L. 1.800
—Il cittadino si ribella (dramm.)[4] 16-22,30
AIRONE: Via Lidia 44, telefono 727.193
—Il bestione (brill.)[5] 16-22,30
ALFIERI: Via Repetti, tel.[6] 290.251; L. 800
—Carambola (west.)[7] 16-22,30 (*)
AMBASSADE: Via Acc.[8] degli Agati 57. tel. 54 08.901; L. 1.400
—Stavisky il grande truffatore (dr.)[9]
AMERICA: Via Natale del Grande 5, tel. 581.61.68; L. 1.500
—Il bestione (brill.) 16-22,30
ANTARES: Viale Adriatico 15, telefono 890.947; L. 800
—Sensi proibiti 16-22,30
APPIO: Via Appia Nuova 56, telefono 779.638; L. 1.200
—Simona (dramm.) 16-22,30
ARCHIMEDE: Via Archimede, 71; L. 1.200
—La classe dirigente (brill.) 16,45-22
ARISTON: Via Cicerone 19, telefono 353.230; L. 1.600
—Le farò da padre (brill.) 16-22,30

ARLECCHINO: Via Flaminia 27, telefono 360.35.46; L. 1.600
—Alla mia cara mamma nel giorno del suo compleanno (brill.) 16,30-22,30
ASTOR: Via Baldo degli Ubaldi 134, tel. 622.04.09; L. 1.000
—La stangata (brill.)
ASTORIA: Piazza Oderico da Pordenone; tel. 511.51.05; L. 1.200
—Il giustiziere della notte (poliz.[10]) 16-22,30
ASTRA: V.le[11] Ionio 225, tel. 886.200 L. 1.200 - 1 400
—Franck Costello faccia d'angelo (pol.)[12] 16,30-22,30
AUSONIA:
—Johnny lo svelto 16-22,30
COLA DI RIENZO: Piazza Cola di Rienzo 90, tel. 350.584; L. 1.800
—Il giustiziere della notte (poliz.) 16-22,30
DUE ALLORI: Via Casilina 505, telefono 273.207; L. 700 - 800
—La città sarà distrutta all'alba (fant.)[13]
EDEN: Piazza Cola di Rienzo 76. telefono 380.188; feriali L. 800
—Hold-Up istantanea di una rapina (pol.)
EMBASSY: Via Stoppani 7, telefono 870.245; L. 2.000
—L'esorcista (dramm.) 15,45-22,30
EMPIRE: Viale Regina Margherita 29, tel. 857.719; L. 1.800
—Stavisky il grande truffatore (dr.) 16-22,30
ETOILE (ex Corso):[14] Piazza in Lucina 4, tel. 687.556; L. 1800
—La cugina (dramm.) 16-22,30
EURCINE: Viale Liszt 22, telefono 59.10.986; L. 1.800
—L'esorcista (dramm.) 15,45-22,30
EUROPA: Corso d'Italia 107, telefono 65.736; L. 1.800

FIAMMA: Via Bissolati 51, telefono 47.51.100; L. 2.000
—Fatti di gente per bene (dramm.)

SECONDE VISIONI

ABADAN: via Gaetano Mazzoni 49
—L'odissea del Neptune nell'impero sommerso
ACILIA: L. 350-400
—Riposo[15]
ADAM: Via Casilina 1816, Km. 18°; tel. 61 61,808
—I professionisti
AFRICA: Via Galla e Sidama 18, telefono 83 80.718; L. 400-600
—Solaris (*)
ALASKA: Via Tor Cervara 319, telefono 220 122; L. 300
—La signora è stata violentata
ALBA: Via Tata Giovanni 3, telefono 570 855; L. 400
—Pista arriva il gatto delle nevi
ALCE: Via delle Fornaci n°16 7; telefono 632 648. L. 500
—Il colonnello Buttiglione diventa generale
ALCYONE: Via Lago di Lesina 39, tel. 838.09.30; L. 800
—Pista arriva il gatto delle nevi
AMBASCIATORI: Via Montebello

TERZE VISIONI

DEI PICCOLI: La spada nella roccia
NOVOCINE: I racconti di Canterbury
ODEON: Città amara

From *Il Tempo*

---

[1]**spogliarello:** strip tease
[2]**ENAL: Ente Nazionale Assistenza Lavoratori:** National Association for Assistance to Workers
[3]**Prime visioni:** new films; **Seconde visioni:** re-releases; **Terze visioni:** older films which have been in circulation for a number of years
[4]**dramm.: drammatico**
[5]**brill.: brillante:** *(theat.)* witty, comic
[6]**tel.: telefono**
[7]**west.:** western
[8]**Acc.: Accademia**
[9]**dr.: drammatico**
[10]**poliz.: poliziesco**
[11]**V.le.: viale**
[12]**pol.: poliziesco**
[13]**fant.: fanta-scienza:** science fiction
[14]**ex. Corso:** formerly "The Corso"
[15]**riposo:** closed for vacation
[16]**n.:** numero

ESERCIZI

A. *Rispondere alle domande:*

1. Quale film danno all'*Astor*?
2. Lei conosce il film che fanno all'*Embassy*?
3. Qual è il numero di telefono dell'*Alcyone*?
4. Qual è l'indirizzo dell'*Arlecchino*?
5. Quale film desidera vedere Lei?
6. Conosce Lei il film che fanno al Volturno? Chi è l'attore principale?

B. *Piccolo vocabolario cinematografico: fare cinque frasi complete usando*[1] *almeno dieci di queste parole:*

compagnia	il cinema
film, pellicola	lo scherma
attore, attrice	regista
fare (dare) un film	direttore
recitare la parte di	sceneggiatore
interpretazione	di prima visione
un "western"	di seconda visione
distribuire	di terza visione
produrre	

---

[1] **usando:** using *(present participle)*

TV: Sofia ciociara

L'ATTRICE, CON QUESTO PERSONAGGIO, NEL '61 VINSE IL PREMIO OSCAR

Sofia Loren è *La ciociara*[1] questa sera sul Nazionale[2] nel film diretto da Vittorio De Sica. Per l'interpretazione data al personaggio del romanzo di Moravia, con la sceneggiatura di Cesare Zavattini e dello stesso De Sica, l'attrice vinse nel 1961 il premio Oscar. Seguirono altri riconoscimenti come il «Nastro d'argento» e il premio a Cannes. La trama: dopo l'otto settembre 1943 Cesira, giovane vedova, lascia Roma e si rifugia con la figlia tredicenne,[3] Rosetta, nella terra d'origine, la Ciociaria. Michele corteggia timidamente Cesira ma il fronte si avvicina e le due donne preferiscono tornare a Roma. Durante il viaggio sono aggredite e devono sottostare alla spietata violenza di alcuni soldati marocchini. Cesira è disperata; Rosetta si chiude in un angoscioso silenzio: il suo atteggiamento di fiducia verso il mondo ha lasciato il posto[4] ad un freddo rancore. Ma proprio il dolore per la notizia che Michele è stato fucilato dai tedeschi scioglie quel mutismo in un pianto rinnovatore.

From *Corriere della Sera* 28.V.73

---

[1] **ciociara:** woman from the Ciociaria area south of Rome; film title known in English as *Two Women*

[2] **Nazionale:** one of the two T.V. channels in Italy

[3] **tredicenne:** thirteen-year-old

[4] **ha lasciato il posto a:** has given way to (**lasciare il posto a:** to give way to, infinitive form)

ESERCIZI

A. Rispondere alle domande:

1. Chi è Sofia Loren "per stasera?"
2. Chi ha diretto *La ciociara?*
3. Chi è l'autore del romanzo *La ciociara?*
4. Che cosa ha vinto Sofia Loren nel '61 per la sua interpretazione?
5. Dopo l'Oscar quali altri premi ha vinto?
6. Come si chiama la protagonista del film?
7. Dove si trova la Ciociaria?
8. Chi corteggia Cesira?
9. Dove vanno madre e figlia alla fine?
10. Lei ha visto il film in inglese? Come si chiama?

B. Cambiare il verbo al futuro:

1. L'attrice vinse nel '61 il premio Oscar.
2. Sofia Loren è la ciociara.
3. Seguirono altri riconoscimenti.
4. Cesira lascia Roma.
5. Si rifugia con la figlia.

C. Completare il verbo:

1. Michele *corteggiare* Cesira.
2. Il fronte *avvicinarsi*.
3. Le due donne *preferire* tornare.
4. Cesira *essere* disperata.
5. Rosetta *chiudersi* in un silenzio.

« Per mill'anni ci siamo
arrabattati per un tozzo di pane
e una sardella,
ma ora abbiamo una ragione,
una vera ragione di vita...
imparare, scoprire cose nuove,
essere liberi! »

Così parla il gabbiano
Jonathan Livingston,
il personaggio più straordinario
della narrativa
contemporanea, protagonista
di un successo editoriale
senza precedenti.
Ostinatamente individualista,
avverso a ogni tabù
per amore di assoluto, Jonathan
sfida le leggi del gruppo
e affronta gli spazi con l'audacia
e la purezza di spirito di chi
ha deciso di reinventare la vita.

RICHARD BACH
Il gabbiano
Jonathan Livingston

Traduzione di Pier Francesco Paolini
Fotografie di Russell Munson
Lire 2000
RIZZOLI EDITORE

Reprinted by permission of Rizzoli Press
Service

ESERCIZI

Rispondere alle domande:

1. Cosa hanno fatto di bello i gabbiani per mille anni?
2. Perché ora hanno una ragione di vita?
3. Quali sono alcune caratteristiche del gabbiano J.L.?
4. Chi è l'autore? Il traduttore? Il fotografo?
5. Quanto costa il libro?

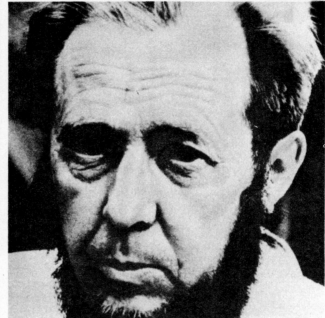

ESERCIZI

Rispondere alle domande:

1. Dove possiamo trovare questo libro?
2. Come scriviamo il nome dell'autore in inglese?
3. In cosa differisce il titolo in italiano e in inglese?
4. Quanto costa? Chi è l'editore?
5. Quale libro costa di piú: questo o quello di Richard Bach?
6. Quanto è la differenza in lire e in dollari?

La vetrina della libreria

problemi da risolvere

L'ITINERARIO NUMERATO

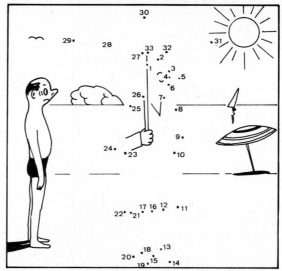

Collegando[1] i puntini da 1 a 33 apparirà... che cosa?

PUNTINI RIVELATORI

Annerite gli spazi contrassegnati con un puntino. Vi apparirà un grazioso quadretto.

---

[1]**collegando:** connecting (*present participle*)

LE SETTE DIFFERENZE

Riuscite a trovare le sette differenze che ci sono fra questi due disegni?

From *Nuova Enigmistica Tascabile* — Firenze
by permission of Corrado Tedeschi Editore

(Soluzione: 1. Foglia in basso accanto all'autostoppista diversa. 2. Piega a sinistra del pantalone sinistro dell'autostoppista diversa. 3. Remo che spunta dalla barca. 4. Cerchio sul cartellone diverso. 5. Naso del barcaiolo diverso. 6. Riga su remo diversa. 7. Albero a destra diverso.)

117

QUALIFICHE E NOMI
(Anna)

Scrivere a fianco di ciascuna delle 17 qualifiche, il nome corrispondente tra quelli elencati qui sotto. Le iniziali dei nomi formeranno il nome di un calciatore.

ASTI — BENETTI — BUE — EGLI — ERIE — GIMONDI — INDIA — NAJA — NIBBIO — NIXON — ODER — ORATA — OVALE — ROSA — ROSSINI — SOREL — TASSO

COMPOSITORE	....
FIUME	....
CALCIATORE	....
LAGO	....
MONTE	....
POETA	....
PESCE	....
MAMMIFERO	....
CANTANTE	....
UCCELLO	....
NAZIONE	....
RETTILE	....
ATTORE	....
PRONOME	....
CICLISTA	....
STATISTA	....
CITTA'	....

Problema Poliziesco

From *Nuova Enigmistica Tascabile* — Firenze
by permission of Corrado Tedeschi Editore

Soluzione: Perché il benzinaio mente nel dichiarare di aver versato la benzina nel serbatoio della macchina dei rapinatori. Infatti gli indici della "colonnina" segnano zero.

---

[1]**denunciando:** reporting *(present participle)*
[2]**erano in tre:** there were three of them (**erano in sei:** there were 6 of them, etc.)
[3]**fare il pieno:** to fill up a (gas) tank, *infinitive form*

119

lo sport

Gli Indiani: Tra giochi di abilità era presente quello della palla. Le due squadre, composte da trenta giocatori ciascuna, giocavano con una palla di legno, oppure di pelle imbottita. Il campo era lungo quasi un chilometro e la partita veniva conclusa[1] solo quando una delle due squadre aveva messo in rete il suo centesimo goal. Le due porte erano leggermente piú piccole di quelle adoperate nel nostro gioco del calcio ed i giovani indiani percorrevano quel chilometro di distanza sempre di corsa,[2] in una gara tremenda che ovviamente durava delle giornate intere. Gli arbitri, considerati giudici supremi, erano dei vecchi guerrieri, quasi sempre in numero di quattro e stavano attenti affinché la palla non venisse colpita[3] con le mani, in quanto[4] era considerata sacra. Per colpire la palla si usavano delle racchette e mazze diverse a seconda[5] delle tribú.

From Nuova Enigmistica Tascabile — Firenze

ESERCIZI

A. Rispondere alle domande:

1. Quale gioco facevano gli Indiani?
2. Quante squadre c'erano?
3. Di quanti giocatori era composta ogni squadra?
4. Di cosa era fatta la palla?
5. Quant'era lungo il campo da gioco?
6. Quanti goal dovevano fare?
7. Quanto tempo durava una partita?
8. Chi erano gli arbitri?
9. Cosa era considerata sacra?
10. Con che colpivano la palla?

---

[1]**veniva conclusa:** was concluded
[2]**di corsa:** running
[3]**affinché . . . colpita:** so that the ball would not be hit (*past perfect subjunctive*)
[4]**in quanto:** since
[5]**a seconda:** according to

B. Formare il superlativo: (piú facile — il piú facile)

1. meno imbottita
2. piú lungo
3. piú piccolo
4. meno giovani

C. Accordare le frasi con i disegni:

1. . . . giocavano con una palla di legno, oppure di pelle imbottita.
2. Le due porte erano leggermente piú piccole di quelle adoperate nel nostro gioco di calcio . . .
3. Per colpire la palla si usavano delle racchette . . .

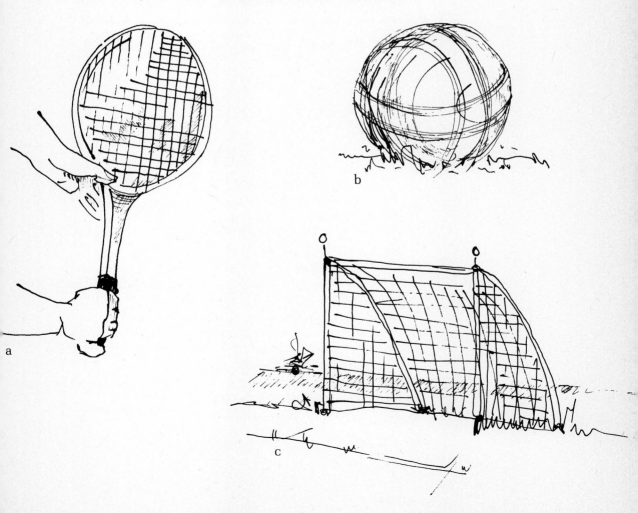

NICOLA PIETRANGELI (che qui scherza a Roma con Nastase e con la bella moglie del rumeno) ha affermato che l'Italia ha quest'anno l'incredibile occasione di poter vincere la Coppa Davis, dalla quale sia Australia che Stati Uniti sono stati eliminati.

From L'Europeo XXX, 1477, No. 25, 20.VI.74
Reprinted by permission of Rizzoli Press Service

ESERCIZI

Rispondere alle domande basate sulla foto:

1. Nicola è un nome maschile in italiano; come lo traduciamo in inglese?
2. Chi è Nastase?
3. Perché l'Italia ha l'opportunità di vincere la Coppa Davis quest'anno?
4. Quali paesi sono stati eliminati?
5. Nella foto qui sopra Pietrangeli sta a sinistra o a destra?
6. Cosa porta nella mano destra Pietrangeli?
7. Quali degli uomini porta la giacca sportiva?
8. Cosa porta la signora Nastase sul braccio?
9. Cosa porta sulla testa?
10. I pantaloni di Nastase sono chiari o scuri?
11. Evidentemente chi parla?
12. Cosa fanno gli altri mentre lui parla?
13. Che vediamo in fondo alla foto?

La ‹‹Roma BC›› campione di baseball

I ragazzi della ‹‹Roma BC›› hanno vinto di pre-potenza[1] il Campionato di serie C e passano alla serie B.[2] Le ultime partite sono state un autentico trionfo: venerdì scorso a Roma 7-1 col Latina; sabato a Grosseto 10-5 col Livorno; domenica, infine, terza partita col Livorno e 9-5 per i romani. Lo scudetto e la promozione premiano giustamente l'ottimo baseball della ‹‹Roma BC›› allenata dal famoso Ruotolo e guidata dall'infaticabile De Chiara.

From *Il Tempo*

Lo sport a Piazza Navona

---

[1]**di prepotenza:** overwhelmingly
[2]**Serie B, serie C:** *steps to climb towards the Roman baseball championship.*

ESERCIZI

A. Rispondere alle domande:

1. Come si chiama la squadra di baseball?
2. Cosa hanno vinto?
3. Dove passano adesso?
4. Come sono andate le ultime partite?
5. Qual era il punteggio venerdì? Contro chi? Qual era il punteggio sabato? Contro chi? Qual era il punteggio domenica? Contro chi?
6. Cosa vincono i ragazzi con questi trionfi?
7. Chi è l'allenatore?
8. Da chi sono guidati?

B. Volgere al singolare e poi premettere l'articolo determinativo:

1. campioni	6. trionfi
2. ragazzi	7. romani
3. campionati	8. scudetti
4. serie	9. promozioni
5. partite	10. allenatori

125

18

da altri tempi

L'obelisco vaticano

126

Il salvatore dell'obelisco

In realtà, l'obelisco vaticano non venne da Gerusalemme, ma da Eliopoli,[1] e arrivò a Roma nel 37 dopo Cristo, al tempo di Caligola.[2]

L'obelisco, che prima si trovava a sinistra della basilica, fu trasportato nell'attuale posizione[3] per volontà di papa Sisto V, e per opera di Domenico Fontana, architetto specializzato in questo genere di lavoro. La sua erezione nella piazza è memorabile: richiese oltre quattro mesi di tempo, occupò novecento operai con quarantaquattro argani e centoquaranta cavalli. Erano operazioni cosí complesse che il papa, temendo[4] una distrazione, ordinò la pena di morte per chi facesse[5] il piú piccolo rumore, « sia pure[6] quello di uno sputo ». Per fare piú forte la minaccia, è stata eretta sulla piazza una forca con boia e aiutanti.

Tuttavia il silenzio fu rotto, in un momento drammatico. Si era alle ultime fasi dell'erezione, l'obelisco era stato raddrizzato e sollevato sopra la sua base, quando le corde che lo legavano, troppo tese, rischiarono di cedere. Fu allora che Domenico Bresca gettò lo storico grido: « Acqua alle corde ». Il consiglio fu seguito, le corde bagnate si restrinsero, e il pericolo fu sventato.

Pare che in un primo momento il salvatore dell'obelisco fosse[7] egualmente condannato a morte; però fu poi non solo perdonato ma anzi compensato con il

---

[1]**Eliopoli:** Heliopolis, ancient ruined city in N. Egypt, on the Nile Delta
[2]**Caligola:** Caligula, A.D. 12–41, Roman Emperor A.D. 37–41
[3]**nell'attuale posizione:** in the present position, i.e., in front of the basilica
[4]**temendo:** fearing (*present participle*)
[5]**facesse:** made, was to make (*imperfect subjunctive*)
[6]**sia pure:** be it even (*present subjunctive*)
[7]**fosse egualmente condannato:** was condemned all the same (*past perfect subjunctive*)

monopolio, per sé e per i discendenti, della fornitura al Vaticano delle palme pasquali[8] (tradizione anche oggi conservata).

ESERCIZI

A. *Rispondere alle domande:*

1. Da dove viene l'obelisco vaticano?
2. Quando arrivò a Roma? Al tempo di chi?
3. Prima dove si trovava l'obelisco?
4. Chi voleva trasportarlo davanti alla basilica?
5. Chi era l'architetto? Quale specializzazione aveva?
6. Quanto tempo ci volle per l'erezione del monumento?
7. Quanti operai lavorarono sul progetto? Quanti cavalli?
8. Cosa temeva il papa?
9. Che cosa dichiarò?
10. Perché mise nella piazza una forca?
11. Cos'era il problema con le corde?
12. Chi ruppe il silenzio?
13. Che consigliò di fare?
14. Con che fu compensato?

B. *Dare un sinonimo:*

1. il Papa
2. il genere
3. oltre
4. l'operaio
5. egualmente

C. *Premettere «grande» ai sostantivi e poi volgere al plurale:*

1. l'obelisco
2. il tempo
3. la basilica
4. l'opera
5. l'architetto

---

[1]**le palme pasquali:** palm fronds given to the faithful on Palm Sunday

Le uova da vendere

L'uovo di Colombo

Quando uno fa una scoperta[1] o un'invenzione o risolve un problema sin allora[2] considerato insolubile, tutti lo ammirano. Ma presto vien fuori[3] un tizio[4] a sorridere, alzando le spalle:[5] «Beh! . . . tutto qui . . . ci voleva poco[6] . . .»

Cosí si racconta di Cristoforo Colombo: «Ha scoperto l'America: gran cosa! naviga un po' piú a lungo[7] di altri

---

[1]**fa una scoperta:** discovers something (**fare una scoperta:** to discover something, *infinitive form*)

[2]**sin allora: sin – sino:** up to, **allora – all'ora:** at the time, **sin allora:** up to that time (sometimes written **fin allora, fino allora**)

[3]**vien fuori:** there emerges, pops up (**venire fuori:** to emerge, *infinitive form*)

[4]**un tizio:** a chap, a character

[5]**alzando le spalle:** shrugging his shoulders (*present participle;* **alzare le spalle:** to shrug one's shoulders, *infinitive form*)

[6]**ci voleva poco:** it wasn't such a feat, it didn't take so much

[7]**piú a lungo:** longer

e dopo un certo tempo la nuova terra gli appare davanti agli occhi. C'è da fare[1] tanto rumore per una cosa simile?»

Colombo, si dice, a questo punto raccoglie attorno a sé[2] parecchi di tali mormoratori. «Chi di voi è capace di fare star ritto un uovo?»[3] domanda. Tutti vogliono provarci. Nessuno ci riesce. Allora Colombo prende l'uovo, lo schiaccia e la cosa gli rimane facilissima.

«Cosí siamo capaci anche noi!» gridano gli spettatori.

«E perché allora non avete fatto come me?» risponde Colombo.

Oggi, *l'uovo di Colombo* si dice per indicare una scoperta che appare facilissima . . . dopo che uno è riuscito a farcela.[4]

From Perché si dice così by Dino Provenzal
(Hoepli, Milano 1966)

ESERCIZI

A. *Rispondere alle domande:*

1. Che cosa ha scoperto Colombo? Quando?
2. Perché non era facile?
3. Perché c'è sempre qualcuno che mette in dubbio la difficoltà di certe scoperte?
4. Come reagisce Colombo in presenza dei mormoratori di questo genere?
5. Come si può fare star ritto un uovo?

B. *Espressioni da usare in frasi:*

1. sin allora
2. venire fuori
3. a lungo
4. attorno a sé (a me, a te, a noi)
5. fare una scoperta

---

[1] **c'è da fare:** is it necessary to make . . .
[2] **attorno a sé:** around himself
[3] **fare stare ritto un uovo:** to make an egg stand on end (*causative use of* fare)
[4] **farcela: fare+ci+la**=to succeed, to do something successfully (*infinitive form*)

C. Volgere al plurale:

    1. Quando una persona fa una scoperta . . .
    2. Risolve un problema . . .
    3. Ha scoperto l'America . . .
    4. La nuova terra . . .
    5. Una cosa simile . . .

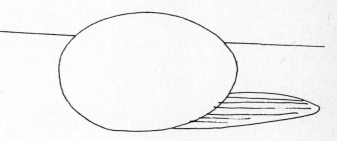

D. Rispondere alle domande:

    a. 1. Cos'è quest'oggetto?
        2. Di che colore è?
        3. Quale forma ha?
        4. Da dove viene?

a

    b. 1. Chi è questa persona?
        2. Come si chiamano le sue 3 navi?
        3. Da dove è partito per il suo viaggio?
        4. Dov'è nato?
        5. Chi raccoglie attorno a sé?

b

    c. 1. Com'è quest'uovo?
        2. È sano?
        3. Cosa c'è dentro l'uovo?

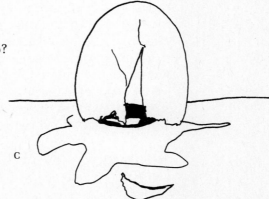

c

le credenze sono utili?

L'oroscopo di Oggi

Segno astrologico BILANCIA dominato da SATUR-NO. Nella stragrande maggioranza dei casi i bambini che nasceranno oggi, e le femminucce in particolare, avranno, come caratteristica dominante, un vivace senso critico, uno spirito mordace ed uno spiccato amore per la battuta pungente. Questo aspetto della loro personalità, che denuncia una punta di crudeltà più o meno latente, non servirà loro certamente a formarsi una cerchia di amici fedeli. Infatti sia nel lavoro che[1] in campo sentimentale, saranno circondati, per la maggior parte, da persone che li temono o che li avvicinano per convenienza. Non sarà difficile, per dei genitori accorti, far comprendere a questi bambini, che sono del resto intelligentissimi, il lato negativo del loro carattere ed aiutarli a correggersi.

---

[1]**sia nel lavoro che** . . . : both in work and . . . (**sia . . . che:** both . . . and)

ARIETE (21 marzo–20 aprile)

Giorno: non mostratevi troppo sicuri di voi stessi. Nella situazione in cui vi trovate potreste, con un simile atteggiamento, irritare proprio la persona che dovrebbe aiutarvi. **Sera:** consigliatevi anche con la persona amata.

TORO (21 aprile–21 maggio)

Giorno: non è sempre possibile agire con la signorilità che vi è consueta, a meno che non vogliate[2] limitarvi alle sole soddisfazioni morali. Oggi ve ne renderete conto. **Sera:** probabile discussione in famiglia. Controllatevi.

GEMELLI (22 magg.–21 giugno)

Giorno: un piccolo successo nel lavoro vi farà dimenticare per un momento alcuni problemi seri, che ancora attendono una soluzione. Non dormite sugli allori[3] e datevi da fare.[4] **Sera:** incontro sentimentale piacevole.

CANCRO (22 giugno–22 luglio)

Giorno: la giornata si presenta, nelle sue linee generali, piuttosto buona. Voi potrete renderla migliore se eviterete di affrontare con troppa intransigenza un problema di lavoro. **Sera:** sarà movimentata e molto divertente.

---

[2]**a meno che non vogliate:** unless you want to . . . (*present subjunctive*)
[3]**non dormite sugli allori:** don't rest on your laurels
[4]**datevi da fare:** get busy, hustle: **darsi da fare** (to busy oneself, bustle about *infinitive form*)

LEONE (23 luglio–23 agosto)

Giorno: la fortuna vi sorride e dovete approfittarne. Svolgete serenamente il vostro lavoro e ne ricaverete notevoli soddisfazioni. **Sera:** fortunata in amore e al gioco. A voi la responsabilità di fare una scelta.

VERGINE (24 agosto–23 sett.)

Giorno: giornata molto adatta per la formulazione di problemi anche ambiziosi che si potranno realizzare con discreta facilità. **Sera:** una leggera emicrania. Scegliete uno svago leggero e distensivo. Cercate di riposarvi.

BILANCIA (24 sett.–23 ottobre)

Giorno: le vostre ansie si mostreranno eccessive se sottoporrete il problema che vi assilla ad un esame più approfondito. Probabilmente i vostri nervi sono un po' affaticati. **Sera:** trascorretela con la persona amata.

SCORPIONE (24 ott.–22 nov.)

Giorno: reagite all'incertezza che vi coglierà di fronte ad un problema. Se volete ottenere ciò che desiderate dovete agire subito e con la massima determinazione. Ci sono ottime speranze di riuscita. **Sera:** in casa.

SAGITTARIO (23 nov.–21 dic.)

Giorno: la situazione nella quale vi verrete a trovare sul finire della mattinata è piuttosto intricata ma non vi mancano le possibilità di chiarirla e di superarla. **Sera:** non prendete decisioni. Lasciate fare al caso.

CAPRICORNO (22 dic.–20 gen.)

Giorno: se vi sarà proposto un viaggio di affari, accettatelo senza esitazioni. I risultati saranno eccellenti anche se da parte vostra occorrerà molto impegno. **Sera:** farete una nuova conoscenza molto interessante.

ACQUARIO (21 genn.–18 febb.)

Giorno: la situazione si sta sviluppando[1] in un senso a voi favorevole ma sarebbe[2] prematuro prendere oggi delle iniziative. Lasciate prima maturare un po' le cose. **Sera:** riceverete un invito che vi conviene accettare.

PESCI (19 febbraio–20 marzo)

Giorno: vi sarà fatta in mattinata una proposta interessante ma pericolosa perché dovreste[3] invadere, almeno in parte, il campo altrui. Non è il momento di farsi dei nemici. **Sera:** consigliatevi con la persona che amate.

From *Il Tempo*

---

[1]**si sta sviluppando:** is developing (*present progressive*)
[2]**sarebbe:** it would be (*conditional*)
[3]**dovreste:** you should (*conditional*)

ESERCIZI

Rispondere alle domande:

1. Cosa non deve fare un Ariete durante il giorno?
2. Cosa faranno stasera nella famiglia di un Toro?
3. Cosa dimenticherà per un momento la persona nata sotto i Gemelli?
4. Come sarà la sera del Cancro?
5. Da dove ricaverà la soddisfazione la persona nata fra il 23 luglio e il 23 agosto?
6. Quale segno astrologico è incluso fra il 23 novembre e il 21 dicembre?
7. Sotto quale segno è nato (-a) Lei?
8. Quanti diversi segni zodiacali ci sono nella Sua famiglia?
9. Quali sono le date inclusive per il Capricorno? la Vergine? i Pesci? l'Acquario?
10. Quale segno viene fra il 21 marzo e il 20 aprile? il 22 giugno e il 22 luglio?

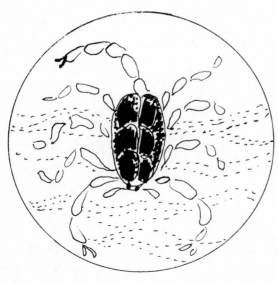

Chi ha la febbre non prende il raffreddore

Per carità[1] — niente corrente d'aria! — pensiamo quando abbiamo una persona malata da curare.

Porte e finestre vengono chiuse[2] ermeticamente e la povera vittima del nostro errore — coperta fino al naso — deve aspettare la sua guarigione in un clima tropicale.

Ognuno dovrebbe sapere[3] intanto che l'aria fresca fa bene[4] al malato, anche se ha la febbre. Già nel secolo scorso il famoso pediatra Adalbert Czerny fece questa esperienza[5] quando povere contadine gli portarono i loro bimbi malati, sfidando[6] il freddo e il vento.

I piccoli malati che lui teneva per pietà nella sua clinica, guarirono meno rapidamente di quei "poveri" bambini delle contadine che avevano sfidato il freddo. L'aria fresca ha infatti una forza salutare molto efficace.

Ma chi pratica questa terapia? Chi, con un forte raffreddore e pieno di autocommiserazione, non sta piuttosto vicino alla stufa invece di fare quattro passi[7] all'aria aperta?

Se invece fosse costretto[8] ad uscire noterebbe[9] ben presto che sotto l'influsso dell'aria fresca respira meglio. Una passeggiata — con la bocca ben chiusa — non è dannosa per il povero afflitto dal raffreddore; il pieno sole invece provoca l'effetto contrario.

---

[1]**per carità:** good heavens!; heaven forbid!

[2]**vengono chiuse:** are closed (**venire** plus past participle is a way of forming the passive voice)

[3]**dovrebbe sapere:** should know (conditional)

[4]**fa bene:** is good for (**fare bene a qualcuno o qualcosa:** to be good for someone or something; **fare bene** plus an infinitive: to be good, convenient, advisable, to do something)

[5]**esperienza:** experiment or experience

[6]**sfidando:** challenging (present participle)

[7]**fare quattro passi:** to take a walk

[8]**fosse costretto:** he were forced (past perfect subjunctive)

[9]**noterebbe:** he would note (conditional)

Dunque, anche se il termometro indica una febbre piuttosto alta, fa bene aprire la finestra; il malato ha abbastanza calore nel corpo, il polso è accelerato, la circolazione è piú intensa — il malato perciò non può raffreddarsi, dato anche che la febbre non è una malattia, ma una reazione del nostro corpo.

From *Nuova Enigmistica Tascabile* — *Firenze*

ESERCIZI

A. Rispondere alle domande:

1. Perché si dice che una corrente d'aria ci fa male?
2. Cosa facciamo con una persona malata?
3. Che cosa fa molto bene al malato?
4. Chi era Adalbert Czerny?
5. Quale esperienza ha fatto?
6. Perché una persona raffreddata al solito[1] non ha voglia di fare due passi?[2]
7. Dove si respira meglio, in camera chiusa o all'aria aperta?
8. Cosa provoca il pieno sole?
9. Se la febbre non è una malattia, che cosa è?

B. Espressioni da adoperare in frasi:

1. fa bene
2. fa male
3. all'aria aperta
4. fare quattro passi

---

[1]**al solito:** usually
[2]**fare due passi:** to take a walk

C. *Cambiare il verbo al futuro:*

1. Abbiamo una persona malata da curare.
2. Porte e finestre vengono chiuse.
3. La vittima deve aspettare.
4. L'aria fresca fa bene al malato.
5. Ma chi pratica questa terapia?

D. *Rispondere alle domande:*

1. Di cosa è vittima questa persona?
2. Dove sta?
3. È scoperto?
4. Si sente bene?
5. Cosa ha in bocca?
6. Cosa aspetta?
7. Cosa c'è sul muro?

8. Cosa fa questa persona?
9. Perché è coperto bene?
10. Cosa porta ai piedi?
11. Cos'è l'oggetto davanti a lui?

ASTAROTH

IL FLUIDO DEL SUCCESSO

Se il destino vi è avverso immunizzatevi da influssi malefici. Complessati, demoralizzati, sfortunati non arrendetevi! **Astaroth** vi aiuterà, distruggendo gli influssi negativi che paralizzano le vostre capacità in amore, affari, fortuna. Riceve previo appuntamento telefonico ore 16-20, telefono 47 51 336. Per corrispondenza indirizzare ad Astaroth, Casella Postale 611 - Roma centro.

Reprinted by permission of Astaroth.

ESERCIZI

A. *Rispondere alle domande:*

1. Chi è Astaroth?
2. Quale fluido ti darà?
3. Il destino ti è avverso? Se cosí, che devi fare secondo Astaroth?
4. Chi non deve arrendersi?
5. Cosa distrugge? Cosa fanno questi influssi negativi?
6. A che ora riceve?
7. Qual è il suo numero di telefono?
8. Qual è l'indirizzo?
9. Tu ci vai per avere il fluido del successo?

B. *Premettere l'articolo determinativo:*

1. fluido
2. successo
3. destino
4. influsso
5. complessato
6. demoralizzato
7. sfortunato
8. capacità
9. amore
10. affare
11. fortuna
12. appuntamento
13. telefono
14. corrispondenza
15. casella postale

folklore romano

Nulla va sprecato

Nulla va sprecato su questa terra. La loro principale funzione è quella di far ritornare a Roma il lanciatore, ma i soldini non restano inutili nel fondo della Fontana di Trevi. Vengono ripescati[1] a date fisse. In realtà i soldini sono stati dichiarati — una volta lanciati — proprietà del comune di Roma, il quale ne fa un uso bello e degno. Sono distribuiti agli operai che si occupano della manutenzione di questa e di altre fontane.

Quanti sono i soldi in fondo alla fontana? Molti piú dei "three coins" di buona memoria. Un calcolo ufficiale parla di 100.000 lire al mese, ma è certamente pessimista. Abbiamo visto con i nostri occhi, in meno di mezz'ora lanciare 1.500 lire, anche in soldini esteri pregiati. Un calcolo di 100.000 lire alla settimana non è certo esagerato.

ESERCIZI

A. *Rispondere alle domande:*

1. Qual è la principale funzione dei soldini in fondo alla fontana?
2. Quando sono ripescati i soldini?
3. Perché una persona qualsiasi non può ripescare il denaro?
4. A chi appartengono i soldini?
5. Dove finiscono i soldini?
6. A che si riferisce la locuzione "three coins"?
7. Perché è esagerato dire che ripescano piú di 500.000 lire al mese?

---

[1]**vengono ripescati:** are fished out (**venire** *plus past participle is a way to form the passive voice*)

B. Cambiare il verbo al passato prossimo:

1. La loro funzione è di far ritornare a Roma il lanciatore.
2. I soldini non restano inutili nel fondo.
3. Ne fa un uso bello e degno.

La Fontana di Trevi

A destra o a sinistra?

Folklore romano
Per non far entrare le streghe

Mettere fuori dall'uscio la scopa e la saliera: le streghe non possono entrare se prima di mezzanotte non hanno contato tutti i fili della scopa e tutti i grani del sale. Ed è difficile che ci riescano,[1] perché quando sbagliano, devono ricominciare daccapo.

---

[1]**riescano:** will succeed (*present subjunctive*)

Il sale rovesciato

Rovesciare il sale in tavola non porta soltanto disgrazia, ma chi lo rovescia, dopo morto sarà condannato per sette anni, in purgatorio, a raccoglierlo con le ciglia, granello per granello.

Contro le streghe

Qualche volta uno non può fare a meno di[1] nominare le streghe, e cosí corre il rischio che, nel sentirsi nominare, quelle streghe vengano[2] davvero. Ci sono però due rimedi: tenere le gambe incrociate, perché le streghe hanno paura[3] della croce, oppure dire: "Oggi è sabato a casa mia," perché il sabato le streghe stanno sotto il noce di Benevento[4] e non possono andarsene in giro[5] per il mondo.

Le corna delle lumache

Le corna delle lumache sono simbolo della discordia. Per riportare tra amici e parenti la pace turbata, per eliminare rancori e rafforzare la solidarietà familiare, non c'è nulla di meglio che mangiare in compagnia un buon piatto di lumache. Lo si fa il 23 giugno, vigilia di San Giovanni. Fino a tarda notte le osterie del quartiere di San Giovanni distribuiscono lumache (spesso sommariamente spurgate[6]) in enormi quantità alla folla.

---

[1]**fare a meno di:** to keep from doing (*infinitive form*)
[2]**vengano:** will come (*present subjunctive*)
[3]**hanno paura:** are afraid (**avere paura di:** to fear, *infinitive form*)
[4]**Benevento:** City in S. Italy famous for witches
[5]**andarsene in giro:** to "cruise" around (*infinitive form*)
[6]**spesso sommariamente spurgate:** often only partially cleaned out (of what they've previously eaten). (If snails are not completely cleaned out, the person eating the snails suffers great disorders of the stomach himself.)

ESERCIZI

A. *Rispondere alle domande:*

1. Che cosa mettiamo fuori se non vogliamo le streghe in casa?
2. Cosa devono fare le streghe prima di entrare?
3. Quando sbagliano, che cosa devono fare?
4. Quando rovesciamo il sale in tavola, è una cosa allegra?
5. La persona che rovescia il sale avrà soltanto la disgrazia?
6. Per quanto tempo sarà condannata in purgatorio?
7. Cosa deve raccogliere? Come lo deve fare?
8. Quale rischio c'è nel nominare le streghe?
9. Perché dobbiamo tenere le gambe incrociate?
10. Quando diciamo: «Oggi è sabato a casa mia», dove vanno le streghe?

B. *Fare un sostantivo da ogni verbo: es. nominare, il nominare . . . poi tradurre in inglese:*

1. mettere
2. andare
3. sprecare
4. entrare
5. sbagliare

C. *Espresioni da usare in frasi:*

1. fare a meno di
2. mettere fuori
3. prima
4. portare disgrazia
5. qualche volta
6. avere paura di
7. andarsene in giro
8. per il mondo

D. *Rispondere alle domande:*

1. Cos'è questa bestia?
2. Quante corna ha?
3. Di cosa sono simbolo? Perché?
4. Perché è bene mangiare un piatto di lumache il 23 giugno?
5. Perché è importante il 23?

E. *Descrivere i disegni basati sulla lettura:*

a

b

c

d

il tempo cambia tutto

Già la pioggia è con noi

Già la pioggia è con noi,
scuote l'aria silenziosa.
Le rondini sfiorano le acque spente
presso i laghetti lombardi,
volano come gabbiani sui piccoli pesci;
il fieno odora oltre i recinti degli orti.

Ancora un anno è bruciato,
senza un lamento, senza un grido
levato a vincere d'improvviso un giorno.

Salvatore Quasimodo
From Tutte le poesie © 1960 by Arnoldo Mondadori Editore

ESERCIZI

Rispondere alle domande:

1. Cosa è con noi?
2. Che cosa scuote?
3. Cosa fanno gli uccelli?
4. Di quale regione d'Italia parla il poeta?
5. Come volano le rondini?
6. Sopra quali animali volano?
7. Cosa fa e dov'è il fieno?
8. Che cosa è sparito?
9. Com'è sparito l'anno?

Non è piú il tempo che Berta filava

Questa è una vecchia favola, e racconta la storia di una brava ragazza, di nome Berta. Berta non sta in ozio[1] un momento; sempre col fuso in mano[2] a filare. La regina Cunegonda, che sente lodare la ragazza, vuol conoscere questa famosa Berta e va a trovarla.[3] Dice che vuol vederla filare, e Berta va subito a prendere il fuso, e fila cosí bene che la regina, piena d'ammirazione, la porta davanti al re. Anche il re è pieno di ammirazione quando vede filare la ragazza e fa un decreto:[4] Berta deve avere tanta terra quanto[5] è lungo il filo.

Quando Berta ha la terra diventa superba[6] e cattiva. Ai vecchi amici che le chiedono un favore, risponde: « Non è piú il tempo che Berta filava. »

Oggi si usa la frase per indicare che le cose sono cambiate, che non si fa piú come una volta.

From *Perché si dice così* by Dino Provenzal
(Hoepli, Milano 1966)

---

[1]**sta in ozio:** is idle (**stare in ozio:** to be idle, *infinitive form*)
[2]**in mano:** in her hand(s)
[3]**va a trovarla:** goes to visit her (**andare a trovare:** to visit, *infinitive form*)
[4]**fa un decreto:** decrees (**fare un decreto:** to decree, *infinitive form*)
[5]**tanta terra quanto:** as much land as (**tanto . . . quanto:** as much . . . as)
[6]**superba:** haughty (*not* superb, *false cognate*)

ESERCIZI

A. Rispondere alle domande con una frase completa:

1. Chi è Berta?
2. Perché non le piace stare in ozio?
3. Che cosa fa per passare il tempo?
4. Chi viene a trovarla?
5. Il re che cosa offre a Berta?
6. Come diventa dopo il decreto del re?
7. Che cosa risponde agli amici quando vogliono un favore da lei?

B. Espressioni da usare in frasi:

1. stare in ozio
2. andare a trovare
3. fare un decreto
4. essere superbo -a

C. Cambiare al plurale: (es. la casa→le case)

1. la vecchia favola
2. la brava ragazza
3. col fuso in mano
4. davanti al re
5. fa il decreto
6. il favore
7. la frase
8. la volta

D. Rispondere alle domande:

a. Chi è questa persona?
   Come si chiama la moglie?
   Cosa fa quando vede filare la ragazza?

b. Come si chiama questa signora?
   È giovane o vecchia?
   Chi è il marito?
   Cosa vuole lei?
   Dove va?

c. Chi è questa ragazza?
   Cosa fa?
   È contenta o scontenta?
   Come diventa quando ha la terra?

Gancia Americanissimo.

Non a caso il piú offerto
nel mondo.
Offrilo cosí:
*con ghiaccio,
una fetta d'arancia.
Sempre freddissimo.*

Reprinted by permission of F.lli Gancia e C., S.A.V.A.S.,
S.p.A., Canelli, Italia

152

**acqua
Panna
restituisce
purezza
all'organismo**

Purezza Panna

Reprinted by permission of Sorgente Panna, S.p.A.,
Firenze, Italia

ESERCIZI

Rispondere alle domande:

Gancia: 1. Come si serve l'aperitivo Gancia?
             2. Qual è l'aperitivo piú offerto nel mondo?
             3. Nominare almeno tre oggetti nella foto.

Panna: 1. Cosa fa l'acqua Panna?
             2. Che cosa è l'acqua Panna?

Cosa c'è di buono?

Una buona pizza napolitana

ESERCIZI

Accoppiare il proverbio con il senso:

1. Chi ben beve, ben dorme;
   chi ben dorme, male non pensa;
   chi male non pensa; male non fa;
   chi male non fa, in Paradiso va.
   Ora bene berrai che Paradiso avrai!
2. Il vino di casa non ubriaca.
3. Moglie giovane e vino vecchio.
4. Pianta la vigna dove non rotola la botte. (Cioè alta in collina.)
5. Quando ti devi ubriacare, ubriacati con il vino buono.
6. Vino non è buono che non rallegra l'uomo.

a. le cose che conosciamo non ci tradiscono.
b. fa molto bene bere?
c. mettere le viti in cima al colle.
d. se devi peccare, almeno divertiti.
e. sposarsi una ragazzina e bere un vino maturo.
f. se il vino non dà piacere non è un buon vino.

Reprinted by permission of Ristorante Bel Soggiorno,
San Gimignano, Italy

I Fumetti e Le Barzellette

— Siete **veramente** bravo, dottore! Senza dubbio ora ci sento molto meglio!...

— L'avete pagata la tassa di circolazione?[1]

— Se vuoi giocare a poker con noi, cercati un compagno!

— A volte ho la sensazione che la gente mi rida[2] in faccia!

IN CASERMA

Il colonnello domanda a due soldati fratelli tra loro:
— Quale di voi due è il maggiore?
— Nessuno dei due, signor colonnello . . .
— Come, nessuno dei due?
— Mio fratello è appena sergente, ed io sono caporale . . .

---

[1] **tassa di circolazione:** motorists' tax
[2] **la gente mi rida:** people are laughing at me (**la gente** is singular; **rida:** present subjunctive)

— Infermiera, faccia passare[1] il prossimo imbecille...

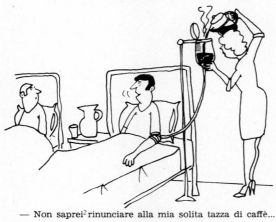

— Non saprei[2] rinunciare alla mia solita tazza di caffè...

[1]**Faccia passare:** show in (*imperative*)
[2]**non saprei:** I would not know how (*conditional*)

— Sei il solito buono a nulla!... Ne hai preso solo uno!

— Ma... ieri non eravate cie-co?

— Sì, signora, ma oggi è il mio giorno di riposo settima-nale!

— L'impiegato non c'è mai!...

LA VICINA

Il marito sta per[1] uscire di casa e la moglie lo accompagna sulla porta:

— Caro . . . il nostro vicino, ogni volta che esce di casa, dà un bacio a sua moglie . . . perché non lo fai anche tu?

— Ma cara . . . — risponde il marito, — come fai a pretendere[2] una cosa del genere adesso? Aspetta ancora un po' di tempo . . . la conosco solo da tre giorni . . .

From *Nuova Enigmistica Tascabile — Firenze* by permission of Corrado Tedeschi Editore

---

[1]**sta per**: is about to (**stare per**: to be about to, *infinitive form*)
[2]**pretendere**: to claim, expect, presume (*false cognate*)

da mangiare — tra i pasti

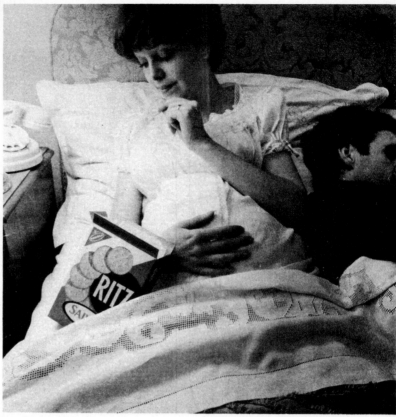

Ore 0,30. E le doglie[1] non sono ancora incominciate.

Inganna l'attesa[2] col Ritz! Ritz Saiwa, cosi deliziosamente snack, dolce da una parte, salato dall'altra. Calma il languorino, scaccia la noia, tiene compagnia. Dappertutto.

RITZ Saiwa si mangia sempre, dappertutto.

Reprinted by permission of SAIWA S.p.A. — Genoa

---

[1]**le doglie:** labor pains
[2]**inganna l'attesa:** while away the time; **ingannare l'attesa:** to kill time, to while away the hours (*infinitive form*)

162

Cornetto Algida
cuore di panna

ALGIDA

Mano nella mano. Corri via con un delizioso
Cornetto Algida. Mordi la sua cialda fresca.
Senti il suo sapore di cioccolato. Gusta tutte le sue nocciole.
Insieme, delicatamente fino al suo cuore di panna.
La voglia è tanta.
Algida, voglia di gelato.

e fuggì con la sua bella.
Due cuori e una capanna
Oh no! Due innamorati e...

dolce Ringo...

il biscotto cosí buono che ti incanta

mm.. dolce Ringo, voltalo e guarda...
di qua la vaniglia, di qua c'è il cacao
nel mezzo una crema... che grande bontà!

dolce Ringo...
due facce di bontà e in mezzo una crema **PAVESI**

ESERCIZI

Rispondere alle domande:

Ritz-Saiwa

1. Che ore sono? È presto o tardi?
2. Cosa fa il marito?
3. Cosa aspetta la signora?
4. Cosa c'è sul comodino?
5. Perché i Ritz ci aiutano ad ingannare l'attesa?
6. Quali due sapori ci sono in ogni "cracker"?
7. Quali attributi hanno i Ritz?
8. Dove e quando si mangiano i Ritz Saiwa?

Algida

1. Di che è fatto il cuore del cornetto Algida?
2. Con che corri via ‹‹mano nella mano››?
3. Quali sono le sue qualità?

Ringo

1. I "dolce Ringo" — quando voltiamo questo biscotto, cosa c'è "di qua"? "E di là"? . . . E nel mezzo?
2. Come descriverebbe[1] Lei i "dolce Ringo"?

---

[1]**descriverebbe:** would describe (*conditional*)

E anche una lettera alla professoressa

Lettere al Professore

HO DORMITO TROPPO

Sono sposata da 27 anni e ho sempre lavorato dura-
mente accanto a mio marito. Le pare possibile che un marito trascuri[1] la moglie al punto da non portarla mai
(dico «mai») a passeggio, al cinema o in gita? Che
essa debba[2] passare tutte le domeniche a lavare e stirare

---

[1]**trascuri:** neglects (*present subjunctive*)
[2]**che essa debba:** that she must (continuation of «Le pare possibile . . .»)

166

in amara solitudine? Che egli acquisti[3] una baita per caccia e pesca e che vi porti[4] gli amici, ma mai la sua donna? È un insulto orribile.

Lettera firmata

No, non è un insulto. La colpa è sua che ha sopportato questo comportamento vile e criminale per quasi trent'anni senza ribellarsi. Deve quindi incolpare soprattutto se stessa e la sua perenne immaturità e stupidità. Un'altra donna avrebbe suscitato[5] scandali ed esplosioni. Lei ha atteso ventisette anni per scrivere una lettera indignata allo psicologo. Troppo poco, signora. Che fare? Rivolgersi a un avvocato e meditare la formula di «crudeltà mentale» e di abbandono sentimentale. Ma sarà capace di svegliarsi dopo un sonno trentennale?

MORIRE CON CALMA

Sono una insegnante terrorizzata dall'idea della morte. Mi spiego meglio. Ogni tanto[6] leggo sui giornali di persone sepolte vive, di dichiarazioni scientifiche sulla impossibilità di stabilire veramente lo stato di morte. Ma i medici sono cosí ignoranti? Io li manderei[7] all'ergastolo (solo perché la pena capitale è stata abolita) quando commettono errori del genere. Poi i riti mortuari? Meglio la cremazione.

Lettera firmata

(. . .) Chi sa vivere sa anche morire con calma.

---

[3]**che egli acquisti:** that he buys (continuation of «Le pare possibile . . .»)
[4]**che vi porti:** that he takes there (continuation of «Le pare possibile . . .»)
[5]**avrebbe suscitato:** would have provoked, stirred up (*past conditional*)
[6]**ogni tanto:** every now and then
[7]**manderei:** I would send (*conditional*)

NON MORIRE MAI

Ho 26 anni, un marito buono, due bambine adorabili. Mio marito lavora e rientra solo alla sera. Quindi: lunga solitudine e mi sembra talvolta di vivere in trance, parlo con me stessa, scrivo favole, invento scene strane. Sono una brava moglie e una madre premurosa, ma ogni tanto « parto ».

Lettera firmata

Lei ha una grande fortuna, signora. Quella di essere intelligente, fine, e sensibile. La sua è la tipica neurosi della casalinga, un disturbo che colpisce le donne che passano lunghe ore rinchiuse in minuscoli appartamenti, prive di contatti sociali. Quando le persone non parlano, sono gli oggetti che cominciano a parlare. Continui a scrivere favole e racconti, magari cerchi di pubblicarli, ma li legga a qualcuno, a un gruppo di conoscenti, agli amici del marito. E, soprattutto, esca appena intravvede un'occasione. Esca con le bambine, cammini, ripeschi qualche amica. Le ripeto: le persone intelligenti non muoiono mai.

From Oggi/Rizzoli Ed.

ESERCIZI

Rispondere alle domande:

1. Da quanti anni è sposata la signora della prima lettera?
2. Come ha passato questi anni?
3. In quale maniera il marito la trascura?
4. Come passa la domenica?
5. Dove porta gli amici il marito?
6. Secondo il professore che risponde, di chi è la colpa se la signora è scontenta?
7. Perché la signora è «immatura e stupida»?
8. Cosa avrebbe fatto[1] un'altra donna?
9. Quale consiglio le dà lo psicologo?
10. Lei è d'accordo[2] con la risposta?
11. Chi scrive la seconda lettera?
12. Che problema ha?
13. Cosa legge nei giornali?
14. Che cosa è impossibile stabilire?
15. Cosa pensa dei medici? Dove li manderebbe?[3]
16. Perché non le piacciono i riti mortuari?
17. Perché preferisce la cremazione?
18. Ti piace la risposta?
19. Quanti anni ha la signora della terza lettera?
20. Com'è il marito?
21. Quanti figli ha?
22. Cosa fa il marito? Quando ritorna?
23. Cos'è il suo problema?
24. Qual è la grande fortuna della signora?
25. Secondo il medico, in che consiste il problema?
26. Cosa succede quando le persone non parlano?
27. Quale buon consiglio le dà il medico?
28. Cosa *non* fanno le persone intelligenti?

---

[1]**avrebbe fatto:** would have done (*past conditional*)
[2]**è d'accordo:** agree (**essere d'accordo:** to be in agreement, *infinitive form*)
[3]**manderebbe:** would send (*conditional*)

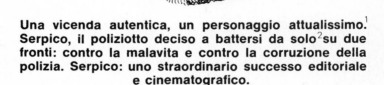

SEMPRE PIÙ BEST SELLER
100.000 COPIE
Peter Maas

SERPICO

Una vicenda autentica, un personaggio attualissimo.[1]
Serpico, il poliziotto deciso a battersi da solo[2] **su due fronti: contro la malavita e contro la corruzione della polizia. Serpico: uno straordinario successo editoriale e cinematografico.**

Traduzione di Francesco Saba Sardi
Lire 3500
RIZZOLI EDITORE
Reprinted by permission of Rizzoli Press Service

---

[1]**attualissimo:** present day, very contemporary (*false cognate: not "very actual"*)
[2]**da solo:** alone

170

ESERCIZI

Rispondere alle domande:

1. Quante copie di *Serpico* hanno stampato?
2. Chi è l'autore?
3. Chi è Serpico? è una vera persona?
4. Cosa vuol dire in inglese «battersi da solo»?
5. Contro chi e che è Serpico?
6. Il libro ha avuto due tipi di successo. Quali?
7. Chi è il traduttore?
8. Quanto costa?
9. Come si chiama la casa editrice?

La vecchia e il medico

Una vecchia ha gli occhi malati e chiama il medico. Lui viene e a ogni medicazione che le fa, mentre lei tiene gli occhi chiusi, lui porta via qualche oggetto dalla casa. Quando lei è spogliata per bene[1] e la cura è finita, lui chiede il pagamento. La vecchia si rifiuta di pagare ed è citata in Tribunale.[2]

—Sí, — dice la vecchia al giudice — è vero, io gli ho promesso il compenso appena guarita; ma ora dopo la sua cura io sto peggio di prima; prima vedevo tutti gli oggetti della mia casa, e adesso invece non li vedo piú.

From *Letture italiane per stranieri*, Bormioli e Pellegrinetti,
Edizioni Scolastiche Mondadori, Vol I.

---

[1]**spogliata . . . bene:** completely cleaned out (robbed)
[2]**citata . . . Tribunale:** called to appear in court

ESERCIZI

A. Rispondere alle domande:

1. Come erano gli occhi della signora?
2. Chi fa venire?
3. Cosa le faceva agli occhi il medico?
4. Mentre lei stava senza vedere, cosa faceva lui?
5. Cosa desiderava lui dopo la cura?
6. Perché la signora non pagò?
7. Dove doveva andare per spiegarsi?
8. Perché la vecchia non vede piú gli oggetti di casa?
9. Perché li vedeva prima della malattia?
10. Secondo Lei, il giudice le farà pagare il medico?

B. Cambiare il verbo al futuro:

1. Aveva gli occhi malati.
2. Il medico venne.
3. Teneva gli occhi chiusi.
4. Portava via gli oggetti.
5. La cura fu finita.
6. Lui chiese il compenso.
7. Si rifiutò di pagare.
8. Sí, disse la vecchia.
9. Avevo promesso il compenso.
10. Io sto peggio di prima.

Vocabulary

Omitted are all definite and indefinite articles, most prepositions and their contractions with definite articles, all personal pronouns, object pronouns, reflexive pronouns and inflected forms of regular verbs. Except where noted all adjectives are given in the masculine singular, and all nouns appear in the singular. The definitions are in context and in their order of appearance in the text.

Abbreviations:

abbr	abbreviation
adj	adjective
adv	adverb
cond	conditional
conj	conjunction
contr	contraction
dem adj	demonstrative adjective
dial	dialect term
excl	exclamation
f	feminine
fut	future tense
ger	gerund
imperat	imperative
imperf	imperfect tense
imperf subj	imperfect subjunctive
inf	infinitive
interr adj	interrogative adjective
m	masculine
n	noun
pa	past absolute
part	participle
phr	phrase
pl	plural
poss adj	possessive adjective
pp	past participle
prep	preposition
prep phr	prepositional phrase
pres	present tense
pres part	present participle
pres subj	present subjunctive
pron	pronoun
ref	reflexive
rel pron	relative pronoun
sing	singular
subj	subjunctive
v	verb

A

abbandono *nm* abandonment
abbassare *inf* to lower
abbastanza *adj* enough
abbiamo *pres v* see **avere**
abbigliamento *nm* clothing
abbonamento *nm* subscription
abbondante *adj* abundant
abbracciare *inf* to embrace
abbreviare *inf* to shorten, abbreviate
abilità *nf* ability
abitante *nmf* inhabitant; *ger* living
abitare *inf* to live
abitualmente *adv* habitually
abolire *inf* to abolish
abruzzese *adj* from the Abruzzo region of Italy
a.C. *abbr* **avanti Cristo** B.C. Before Christ
Acc *abbr* **Accademia** *nf* academy
accadere *inf* to happen
accanto *adv* next
accelerare *inf* to accelerate
accendere *inf* to light
accentato *adj* accented
accertarsi *inf ref* to make certain, sure
accettare *inf* to accept
acciaio *nm* steel
accidentale *adj* accidental
accogliere *inf* to welcome, receive
accompagnare *inf* to accompany
accompagnatore *nm* companion, guide, accompanying guide
accontentare *inf* to content, make happy
accoppiare *inf* to match, pair off
accordare *inf* to match, to make agree
accordo *nm* agreement; **essere d'accordo** *inf* see **essere**
accorsato *adj* well frequented, doing brisk business
accorto *adj* shrewd

accusare *inf* to accuse
aceto *nm* vinegar
acido *nm* acid; **acido ribonucleico** *nm* RNA
acqua *nf* water
Acquario *nm* (astrological sign of) Aquarius
acquistare *inf* to acquire
acquisto *nm* purchase
adatto *adj* appropriate
addebitare *inf* to charge an account to someone
addentare *inf* to bite into
addio *excl* goodbye
additivo *nm* additive
addolorato *adj* grieved, sorrowful
addormentare *inf* to put to sleep
addormentarsi *inf ref* to fall asleep
addosso *prep* on; *adv* upon, wearing
aderire *inf* to adhere
adesso *adv* now
adoperare *inf* to use
adorabile *adj* adorable
adorato *adj* adored
adottare *inf* to adopt
adulto *nm* adult
Aeronautica Militare *nf* Air Force
affare *nm* deal, bargain
affari *nm pl* business
affascinato *adj* fascinated
affaticato *adj* tired
affatto *adj* at all
affatturare *inf* to bewitch, put under a spell
affatturato *nm* person under a spell
affermare *inf* to affirm
affettato *adj* sliced
affetto *nm* affection, affected person
affettuosamente *adj* affectionately
affettuoso *adj* affectionate
affinché *conj* so that
affioramento *nm* surfacing, outcrop, coming to the surface

affittasi for rent; **affittasi in gestione** business or management for rent
affitto: in affitto *prep phr* for rent
afflitto *adj* afflicted
affrontare *inf* to confront
affumicato *adj* smoked
afgano *nm* Afghan hound
agente *nm* agent
aggettivo *nm* adjective
aggiornamento *nm* modernization, renovation, bringing up to date
aggiornato *adj* up-to-date
aggiungere *inf* to add
aggiustare *inf* to fix, adjust
aggredire *inf* to assault, attack
agire *inf* to act
agitato *adj* agitated
aglio *nm* garlic
ago *nm* needle
agonia *nf* agony
agosto *nm* August
agrumi *nm pl* citrus fruit
aguzzo *adj* pointed, sharp
aiutante *nmf* aide, helper
aiutare *inf* to help
aiuto! *excl* help!
alba *nf* dawn
albergo *nm* hotel
albero *nm* tree
albicocca *nf* apricot
alchimista *nmf* alchemist
alcool *nm* alcohol
alcuni *adj* some
alginato *nm* alginic acid salt
alimentare *adj* food
alimentazione *nf* nourishment
alimento *nm* food
allarmante *adj* alarming
allegoria *nf* allegory
allegramente *adv* happily
allegria *nf* happiness
allegro *adj* happy
allenato *adj* trained
allenatore *nm* trainer
allineare *inf* to align, line up
alloggio *nm* lodging
allora *adv* then, at that time

alloro *nm* laurel; **dormire sugli allori** *inf* see **dormire**

almeno *adv* at least

alterato *adj* changed

alternare *inf* to alternate

alternativo *adj* alternative

alto *adj* high *adv* above

altri *pron* others

altro *adj* other

altrove *adv* elsewhere

altrui *adj* other's

alunno *nm* student

alzare *inf* to lift, raise; **alzare le spalle** *inf* to shrug one's shoulders

alzarsi *inf ref* to get up

amante *nmf* lover

amare *inf* to love

amaretto *nm* macaroon

amaro *nm* liqueur "bitters"; *adj* bitter

amato *adj* loved

ambedue *pron* both *adj* both

ambientale *adj* environmental

ambiente: temperatura ambiente *nf* room temperature

ambizioso *adj* ambitious

americanissimo *adj* very American

amica *nf* friend

amicizia *nf* friendship

amico *nm* friend

amido *nm* starch

ammalarsi *inf ref* to become sick

ammanettare *inf* to handcuff

ammazzare *inf* to kill

ammenda *nf* fine, penalty

ammettere *inf* to admit

amministrazione *nf* administration

ammirare *inf* to admire

ammirazione *nf* admiration

amore *nm* love

amorevolmente *adv* lovingly

A.N.A.C.I. *abbr* **Associazione Nazionale Assistenza Cardiopatici Italiani** National Association for Assistance to Italian Cardiopathics

ananas *nm* pineapple

anatomicamente *adv* anatomically

anatra *nf* duck

anche *adj* even, also

ancien *adj* (*French*) ancient, old

anconetano *adj* as made in Ancona

ancora *adv* still, yet

andare *inf* to go; **andarsene** *inf* to go away, to be gone; **andarsene in giro** *inf* to "cruise" around; **andare a trovare** *inf* to go to visit; **andare per ceci** *inf* to go to pick **ceci (garbanzo)** beans; **andare a finire** *inf* to end up

andata *nf* going; **andata e ritorno** *n* round trip

andranno *fut v* see **andare**

andresti *cond v* see **andare**

anello *nm* ring

angelo *nm* angel

angolo *nm* angle, corner

angoscioso *adj* painful, distressing

animale *nm* animal

annerire *inf* to blacken

annesso *adj* annexed

anniversario *nm* anniversary

anno *nm* year

annuncio *nm* advertisement, announcement, want-ad

annusare *inf* to sniff

annuvolamento *nm* cloudiness, darkening

anonimo *adj* anonymous

ansia *nf* anxiety

antenato *nm* ancestor

antico *adj* old, ancient

antologia *nf* anthology

anulare: raccordo anulare see **raccordo**

anzi *conj* and more than that

anziana *nf* old lady

anziano *adj* old, elderly

anziché *conj* rather than

Ap.: *abbr:* **apre** *pres v* see **aprire**

aperitivo *nm* aperitif

aperse *pa v* see **aprire**

aperto *adj* open, opened

apparire *inf* to appear, to seem

appartamento *nm* apartment

appartenente *nm* member

appartenere *inf* to belong

apparetengono *pres v* see **appartenere**

appena *adv* as soon as

appendere *inf* to hang

appeso *pp v* see **appendere**

appetito *nm* appetite

appetitoso *adj* appetizing

applicazione *nf* application

appoggio *nm* support

apprezzato *adj* appreciated

approfittare *inf* to profit by

approfondito *adj* profound

appuntamento *nm* appointment

appunto *adv* precisely, exactly

aprile *nm* April

aprire *inf* to open

arancia *nf* orange

arbitro *nm* judge, umpire

arcaico *adj* archaic, old

architetto *nm* architect

arcipelago *nm* archipelago

area *nf* area

argano *nm* winch, hoisting crank

argento *nm* silver

argine *nm* bank, embankment

argonauta *nm* argonaut, paper nautilus

aria *nf* air; **zampe all'aria:** see **zampa**

Ariete *nm* astrological sign of Aries

arma *nf* weapon, arm

armato *adj* armed

armonia *nf* harmony

armonizzare *inf* to harmonize

aromi naturali *nm pl* natural flavors

arrabattarsi *inf ref* to strive, endeavor, muddle

arrabbiare *inf* to anger

arrabbiarsi *inf ref* to get angry

arredato *adj* furnished

arrendersi *inf ref* to give up, submit

arrestare *inf* to arrest
arrivare *inf* to arrive, reach
arrivederci *excl* goodbye, so long, see you soon
arrotolare *inf* to roll
arte *nf* art
articolo *nm* article
artificiale *adj* artificial
ascensore *nm* elevator, lift
asciugare *inf* to dry
asciutto *adj* dry, dried
ascoltare *inf* to listen to
asfaltato *adj* asphalt-covered
asilo *nm* refuge, shelter
asino *nm* ass, donkey
aspettare *inf* to wait for
aspetto *nm* aspect
assaggiatore *nm* taster
assai *adv* very
assegno *nm* check
assemblage *nm* (French) collection
assessore *nm* assessor
assicurare *inf* to assure, insure
assillare *inf* to assail, harass, urge, goad
assimilare *inf* to assimilate
assistenza *nf* assistance
assistente *nm* assistant
assistito *adj* supported, helped, assisted
associarsi *inf ref* to join
associativa *adj* **quota associativa** membership fee
assoluto *nm* absolute
assorbire *inf* to absorb
assortimento *nm* assortment
asterisco *nm* asterisk
astrologo *nf* astrologer
astrologico *adj* astrological
astuto *adj* astute
astuzia *nf* craftiness, astuteness, clever move
atleta *nm* athlete
atriale *adj* of the atrium, one of the auricles of the heart
atteggiamento *nm* attitude
attendere *inf* to wait
attento *adj* heedful, careful

attenzione *nf* attention
atteso *pp v* see **attendere**
attività *nf* activity
attivo *adj* active
atto *nm* act
attore *nm* actor
attorno *adv* around
attrattiva *nf* attraction, allurement
attrezzato *adj* equipped
attributo *nm* quality
attrice *nf* actress
attuale *adj* present day
attualissimo *adj* very contemporary
audacia *nf* audaciousness
augurio *nm* congratulations
aumentare *inf* to raise, increase
aumento *nm* increase
au revoir *excl* (French) goodbye
autentico *adj* authentic
autista *nm* chauffeur
autoccasione *nf* **auto** car; **occasione** opportunity, chance
autocommiserazione *nf* self-pity
automatico *adj* automatic
auto(mobile) *nf* car, automobile
autorizzare *inf* to authorize
autorizzazione *nf* authorization
autostoppista *nm* hitch-hiker
Autostrada *nf* highway, freeway, expressway
autovettura *nf* motorcar, car, automobile
autunno *nm* autumn
Ave Maria *nf* Hail Mary
avere *inf* to have; **avere luogo** *inf* to take place; **avere paura** *inf* to be afraid, to have fear; **avere bisogno di** *inf* to need
avidità *nf* greed, avidity, eagerness
avrà *fut v* see **avere**
avrai *fut v* see **avere**
avranno *fut v* see **avere**
avrebbe *cond v* see **avere**
avrete *fut v* see **avere**
avvenire *inf* to happen, occur

avvenuto *ppv* see **avvenire**
avverbio *nm* adverb
avverso *adj* adverse, against
avviatissimo *adj* very thriving
avviato *adj* thriving
avvicinare *inf* to near, to bring near
avvicinarsi *inf ref.* to come near
avvocato *nm* lawyer
azienda *nf* firm, business
azione *nf* action
Aztechi *nm pl* Aztecs
azzurro *adj* blue, sky-blue, azure

B

baccalà *nm* dried and salted cod fish, stockfish
baciare *inf* to kiss
bacio *nm* kiss
bagnato *adj* wet, soaked
baita *nf* cabin, cottage
ballo *nm* dance
bambina *nf* little girl, baby girl
bambino *nm* little boy, baby boy
bambola *nf* doll
banana *nf* banana
banca *nf* bank
bancario *adj* bank, banking
banco *nm* counter, bank
bandire *inf* to announce publicly
bando *nm* public announcement
barattolo *nm* can
barba *nf* beard, shaving
barca *nf* boat
barcaiolo *nm* boatman
barzelletta *nf* joke
basare *inf* to base
base *nf* base
basilica *nf* basilica, bishop's church
basilico *nm* basil
basso *adj* low short; **in basso** below
bastare *inf* to be enough, suffice
battibecco *nm* fight, altercation
battersi *inf ref.* to fight

battuta *nf* witty remark

beh! *contr* well!; see **bene**

belare *inf* to bleat

belato *nm* bleating

bellezza *nf* beauty, loveliness

bellissimo *adj* very beautiful, handsome

bello *adj* beautiful, handsome

ben *contr* see **bene**

benché *conj* although, though

bene *adv* well; **gente per bene** honest, trustworthy, well-bred people

benefico *adj* beneficial

benessere *nm* well-being, comfort, welfare

Benevento *nm* city in S. Italy famous for witches

benzina *nf* gasoline

benzinaio *nm* gas station attendant

bere *inf* to drink

berrai *fut v* see **bere**

bestia *nf* animal

bestione *nm* big beast, brute, blockhead

beve *pres v* see **bere**

bevete *pres v* see **bere**

bevuto *ppv* see **bere**

bianco *adj* white

bicchiere *nm* glass

bietola *nf* beet

Bilancia *nf* astrological sign of Libra

bimbo *nm* child

binomio *nm* pair of names, item composed of two words or names

biondo *adj* blond

birichina *nf* mischievous one, urchin, naughty girl

birra *nf* beer

bis encore, continued

biscotto *nm* cookie

bisognino *nm* a "little need" or "necessity"; **fare un bisognino** *inf* to go to the bathroom (child's term)

bisogno *nm* need

bisognoso *nm* needy one

bisolfitto *adj* bisulphite

bistecca *nf* steak

bivio *nm* fork in the road

bocca *nf* mouth

boccale *nm* jug, tankard

boccone *nm* mouthful

boia *nm* executioner

bollente *adj* boiling

bolletta *nf* bill

bollettino *nm* bulletin

bollire *inf* to boil

bollitura *nf* boiling

bontà *nf* goodness, bounty

botte *nf* barrel

bottiglia *nf* bottle

box *nm* lock-up garage, pre-fab hut

braccio *nm* arm

bradipo *nm* sloth

brano *nm* passage

brasiliano *adj* Brazilian

bravo *adj* good, well-behaved, clever

bravura *nf* cleverness, great ability

breve: in breve *adj* in short form, condensed

briciola *nf* crumb

brill.: *abbr* **brillante** (theatrical) witty, comic

brillante *adj* brilliant

brivido *nm* shiver

brodetto *nm* fish soup, thin broth

brodo *nm* broth

bruciare *inf* to burn

bruno *adj* dark

brutto *adj* ugly, awful, nasty

buca *nf* hole

bucce *nf pl* skins, peelings

buco *nm* hole

buggerata *nf* wasteful item

bugiardo *nm* liar

buio *adj* dark

buoi *nm pl* oxen; *sing.* **bue**

buono *adj* good

buontempone *nm* merry fellow

burro *nm* butter

bussare *inf* to knock

bustina *nf* small envelope

busto *nm* corset

buttare *inf* to dump, throw out

C

cacao *nm* cocoa

caccia *nf* hunting

cadere *inf* to fall

caduta *nf* fall

caffè *nm* coffee

caffefreddo *nm* ice coffee

calamaretto *nm* small squid, small calamary

calamaro *nm* squid, calamary

calare *inf* to let down, to lower

calce: in calce *prep phr* at the foot, at the bottom

calciatore *nm* soccer player

calcio *nm* soccer

calcolare *inf* to calculate

calcolo *nm* calculation, computation

caldo *adj* warm, hot; **tavola calda** see **tavola**

calendario *nm* calendar

Caligola *nm* Caligula (*Roman Emperor*) *A.D. 12-41*

calmare *inf* to calm

calmo *adj* calm

calo *nm* shrinkage, diminution

calore *nm* heat

calzetta *nf* stocking

cambiale *nf* bill of exchange

cambiamento *nm* change

cambiare *inf* to change

camelliere *nm* camel-driver

camera *nf* room

camino *nm* chimney

camminare *inf* to walk

campana *nf* bell

campanile *nm* bell-tower

campeggiatore *nm* camper

Campidoglio: Piazza del Campidoglio *location of Rome's City Hall*

campionato *nm* championship

campione *nm* champion

campo *nm* field, playing field

canaglia *nf* rabble, riff-raff, scoundrels

canale *nm* canal, drain, duct, channel

Cancro *nm* astrological sign of Cancer

candito *adj* candied

cane *nm* dog **cane lupo** *nm* Alsatian dog

canna *nf* pipe

cantina *nf* wine cellar

cantiniere *nm* cellarman, wineshop keeper

canzone *nf* song

C.A.P.: *abbr:* **Codice Avviamento Postale** Postal Zip Code

capace *adj* able, capable

capacità *nf* capacity, ability

capannone *nm* shed, hangar

capello *nm* hair

capire *inf* to understand

capitano *nm* captain

capo *nm* head

caporale *nm* corporal

cappella *nf* chapel

cappello *nm* hat

Cappuccino *nm* Capuchin Monk; *nm pl* **Cappuccini** order of monks

capra *nf* goat

Capricorno *nm* astrological sign of Capricorn

carabiniere *nm* Carabineer (*paramilitary police in Italy*)

carattere *nm* character

caratteristica *nf* characteristic

carbone *nm* coal

carcere *nm* prison

cardinale *nm* cardinal

cardiopatia *nf* cardiopathy, heart disease

cardiopatico *nm* cardiopathic, person suffering from heart disease

caricamento *nm* loading

caricare *inf* to load

caricatore *nm* cartridge

carissimo *adj* very dear

carità *nf* charity; **per carità** please

carne *nf* meat

caro *adj* dear; *nm* dear one

carosello *nm* carousel, merry-go-round

carota *nf* carrot

carpa *nf* carp

carrozzella *nf* cab, light carriage

carta *nf* paper

cartellone *nm* sign board

cartomante *nfm* card reader

casa *nf* house; **Casa Editrice** publishing house

casalinga *nf* homemaker

cascare *inf* to fall

casella *nf* post box

caserma *nf* barracks

casetta *nf* little house

casettina *nf* small house

caso *nm* case, chance; **a caso** *adv* by chance

casseruola *nf* casserole

cassetta *nf* post box

Castelli *nm pl* hill towns outside Rome

castello *nm* castle

casualmente *adv* casually

catasta *nf* heap, pile, stack

categoria *nf* category

cattedrale *nf* cathedral, cardinal's church

cattivo *adj* nasty, bad

causa *nf* cause; **a causa di** *conj* because of

cavaliere *nm* cavalier

cavallo *nm* horse

cavare *inf* to take out, dig out

caverna *nf* cave

cavolo *nm* cabbage

cazzaruola *nf* casserole

c/c: *abbr* **conto corrente** *nm* current account

cecio *nm* chick pea, garbanzo bean

cedere *inf* to give in, to give way

cedesi for sale

ceffo *nm* ugly face, mug; **ceffo da galera** *nm* sinister face

celebrare *inf* to celebrate

celebre *adj* famous, celebrated

celia *nf* joke, jest

cellula *nf* cell

cena *nf* supper

cenare *inf* to have supper

centesimo *adj* one-hundredth

centoquaranta *adj* one hundred forty

centro *nm* center, downtown

centrosettentrionale *adj* north central

ceramica *nf* ceramic(s)

cercare *inf* to look for; **cercare di** to try to

cercasi wanted, seeking

cerchia *nf* circle

cerchio *nm* circle

cerimonia *nf* ceremony

cero *nm* candle

certamente *adv* certainly

certo *adj* certain; **di certo** *adv* certainly, for sure

cervello *nm* brain, brains

cessare *inf* to cease

chartreuse *nf* (*French*) liqueur

che *rel pron* that, which, who, whom, what

chi *rel pron* he who, the one who

chiamare *inf* to call; **mandare a chiamare** see **mandare**

chiamarsi *inf ref* to be named, called

chiarire *inf* to clarify

chiaro *adj* light, tan

chiave *nf* key

chiedere *inf* to ask

chiesa *nf* church

chiese *pa v* see **chiedere**

chiesto *pp v* see **chiedere**

chilo *nm* kilo(gram)

chilogrammo *nm* kilogram

chilometro *nm* kilometer

chimico *adj* chemical

chiodo *nm* nail

chirocartomante *nmf* palmist-card-reader

chirurgo *nm* surgeon

chitarra *nf* guitar

chiudere *inf* to close

chiusino *nm* cover, lid, drain cover

chiuso pp v see **chiudere**
cialda nf wafer
ciambella nf doughnut
ciascuno pron each; adj each
ciclista nm cyclist
cicloamatore nm bicycle enthusiast
cieco adj blind
ciglia nf pl eyelashes
ciliegia nf cherry
ciliegio nm cherry tree
cima nf top
cimitero nm cemetery
Cina nf China
cinema nm movies
cinematografia nf cinematography
cinevarietà nf films and variety shows
cinofilo nm dog lover
cinque adj five
cinquemila adj five thousand
ciò pron that which, what
cioccolatino nm piece of chocolate
cioccolato nm chocolate
Ciociara nf woman from Ciociaria region
cipolla nf onion
cipresso nm cypress tree
circa adv approximately, about, nearly
circolazione nf circulation
circondato adj surrounded
circonvallazione nf ring-road
circostanza nf circumstance
citare inf to summon
città nf city **colori della città** see **colore**
cittadino nm citizen
ciumachella nf Roman term of endearment
civiltà nf civilization
classe nf class
classico adj classic
cliente nmf client
clientela nf clientele
clima nm climate
clinica nf clinic, hospital
CM: abbr. **centimetro** nm centimeter

coda nf tail
cogliere inf to catch, hit, seize
cognato nm brother-in-law; **cognati** brothers and/or sisters-in-law
cognome nm surname, last name
col.: abbr **colori** nm pl colors
collaborazione nf collaboration
collana nf necklace
colle nm hill
collega nm colleague
collegare inf to connect, link
collina nf hill
collo nm neck
colmo adj full
Colombo nm Columbus
colonnello nm colonel
colonnina nf gas pump
colorante nm coloring agent
colorato adj colored
colore nm color
colori della città city pennant, city colors
colorito adj colored
coloro pron those, they
Colosseo nm Colosseum
colpa nf fault, blame
colpire inf to strike
colpito adj stricken, hit
colse pa v see **cogliere**
coltello nm knife
comandante nm commandant
come adv how; excl how!
comico adj funny, comical
comincerà fut v see **cominciare**
cominciare inf to begin, start
comitato nm committee
comitiva nf group
commentare inf to comment
commerciale adj commercial
commettere inf to commit
committente nm customer, buyer
commosso adj moved
commovente adj moving
communicazione nf communication
commuovere inf to touch, move, affect emotionally
comodino nm bedside, night table

comodità nf ease
comodo adj useful, handy
compagnia nf company
compagno nm friend
compensare inf to compensate
compenso nm payment
comperare inf to purchase, buy
competenza nf competence
compilare inf to fill in a form
compito nm task, duty
compleanno nm birthday
complessato nm one tormented by complexes
complesso adj complex
completare inf to complete
completo adj complete
complicato adj complicated
complicazione nf complication
comporre inf to compose
comportamento nm behavior
comportare inf to involve, require
comportarsi inf ref to behave, handle oneself
composizione nf composition
composto adj composed, made of; nm mixture
comprare inf to buy, purchase
comprendere inf to understand
comprensivo adj understanding
compreso adj included
comunale adj of the city, communal, community
comune adj common; nm city, community
comunemente adv commonly
comunque adv however, anyhow; conj however
concatenato adj linked
concerto nm concert
concessionaria nf concessionary, agency
concesso adj conceded, given
concezione nf conception
concludere inf to conclude
concludersi inf ref to finish, conclude
concluso pp v see **concludere**
concorrere inf to contribute, share, participate
concorso nm contest

179　**concorso**

condannare *inf* to condemn
condizione *nf* condition
conduzione *nf* management
conferire *inf* to confer
confermare *inf* to confirm
confezione *nf* package, preparation
conforto *nm* comfort
congiuntivo *nm* subjunctive
congressista *nm* conventioneer
congresso *nm* congress, convention
congruo *adj* congruous
coniugale *adj* conjugal
coniuge *nmf* marriage partner
conoscente *nmf* friend
conoscenza *nf* acquaintance
conoscere *inf* to meet, know
conquistare *inf* to conquer
consegna *nf* delivery
consegnare *inf* to deliver, hand over
consentire *inf* to allow, consent, permit
conserva *nf* tomato paste
conservante *nm* preservative
conservare *inf* to conserve, keep
conservazione *nf* conservation
considerare *inf* to consider
consigliare *inf* to consult, advise
consigliarsi *inf ref* to consult with
consigliere *nm* counsellor, adviser
consiglio *nm* advice, council
consistere *inf* to consist
consueto *adj* habitual
consulenza *nf* counselling
consultazione *nf* consultation
consumare *inf* to consume, eat
consumatore *nm* consumer
contadina *nf* farmer-woman
contadino *nm* farmer
contanti *adj pl* cash
contare *inf* to count
contatto *nm* contact
contemporanea *adj* contemporary
contenente *nm* content
contenere *inf* to contain
contengono *pres v* see **contenere**
contento *adj* happy

contenuto *nm* contents
continuare *inf* to continue
continuo *adj* continual
conto *nm* account; **tiene conto di** see **tenere; di poco conto** see **poco**
contorno *nm* side dish
contrario *adj* contrary; *nm* contrary
contrassegnato *adj* indicated, identified
contrassegno *nm* identification mark
contribuzione *nm* contribution
contro *prep* against
controllare *inf* to investigate, watch
controllarsi *inf ref* to control oneself
controllato *adj* inspected
controllo *nm* verification, examination, inspection, checking
convegno *nm* meeting, convention
conveniente *adj* cheap, suitable, convenient
convenienza *nf* convenience
convenire *inf* to suit, to be to one's advantage
conviene *pres v* see **convenire**
convincere *inf* to convince
convinto *pp v* see **convincere**
convitata *nf* female guest
coperto *adj* covered, overcast
copia *nf* copy
coppa *nf* cup, chalice, champagne glass
coppia *nf* couple
coprire *inf* to cover
coproduzione *nf* coproduction
corda *nf* cord; **strumento a corde** see **strumento**
corna *nf pl* horns
cornetto *nm* small horn
coro *nm* chorus
corona *nf* wreath
corpo *nm* body
correggersi *inf ref* to correct oneself
corrente *nf* current, draft, *adj* current, present

correre *inf* to run
corretto *adj* correct
corridore *nm* runner, racer
corrispondente *adj* corresponding
corrispondenza *nf* correspondence
corrispondere *inf* to correspond, to pay
corrisposto *pp v* see **corrispondere**
corruzione *nf* corruption
corsa *nf* race; **di corsa** running
corse *pa v* see **correre**
corso *nm* course, avenue, main street
corteggiare *inf* to court
corto *adj* short
corvè *nf* (military) fatigue party, detail, unpleasant task, bit of drudgery
cosa *nf* thing
cosí *adv* thus, this way, that way; **e cosí via** and so on
cospargere *inf* to sprinkle, scatter
cosparso *adj* sprinkled
cospicuo *adj* conspicuous
costare *inf* to cost
costituire *inf* to constitute
costituzione *nf* constitution
costoso *adj* costly, expensive
costretto *adj* forced
costruire *inf* to construct, build
costruito *adj* constructed
costruzione *nf* construction
cotoletta *nf* cutlet
cotto *pp v* see **cuocere**; *adj* cooked
cottura *nf* cooking
cozze *nf pl* mussels
cravatta *nf* necktie
credenza *nf* belief
credere *inf* to believe
crema *nf* cream
cremazione *nf* cremation
crepapelle: **a crepapelle** *adv* rapidly
crepare *inf* to croak, drop dead, kick the bucket
crescere *inf* to grow
criminale *adj* criminal

crisalide *nf* cocoon
crisi *nf* crisis
cristianamente *adv* in a civilized manner
cristiano *nm* human being; *adj* Christian
Cristo *nm* Christ
critico *adj* critical
croccante *adj* crispy
croce *nf* cross
cronaca *nf* chronicle; **cronaca nera** *nf* crime news, police blotter
crostaceo *nm* crustacean
crudele *adj* cruel
crudeltà *nf* cruelty
crudo *adj* raw
C.so: *abbr* see **corso**, *nm*
cucchiaio *nm* spoon
cucciolo *nm* puppy
cucina *nf* kitchen, cooking
cugina *nf* cousin
culinario *adj* culinary
culturale *adj* cultural
cunicolo *nm* tunnel, underground passage
cuocere *inf* to cook
cuore *nm* heart
cura: a cura di under the direction of
Curaçao *nm* island of the Caribbean
curare *inf* to cure
curarsi *inf ref* to care for
curiosità *nf* curiosity, peculiar item, strange happening
curioso *adj* curious, strange
custodire *inf* to preserve, keep, guard
cute *nf* skin

D

dà *pres v* see **dare**
daccapo *adv* from the beginning
dai *pres v* see **dare**
dammi *imperat v* see **dare**
danno *pres v* see **dare**
dannoso *adj* harmful

danzare *inf* to dance
dappertutto *adv* everywhere
daranno *fut* see **dare**
dare *inf* to give; **dare la mano** *inf* to shake hands; **dare da mangiare** *inf* to feed; **dare in escandescenze** *inf* to react with sudden outbursts of rage
darò *fut v* see **dare**
darsi: *inf ref* **darsi da fare** to busy oneself, to bustle about
data *nf* date
dato *adj* given; *conj* since; *pp v* see **dare**
davanti *adv* in front
davvero *adv* for real
debba *pres subj v* see **dovere**
debole *adj* weak
decaffeinato *adj* decaffinated
Decameron *nm* collection of 100 bawdy stories by Boccaccio (1313-75)
decedere *inf* to die
decente *adj* decent
decidere *inf* to decide
decina *nf* group of ten
decisione *nf* decision
deciso *adj* resolute, firm; *pp v* see **decidere**
declinare *inf* to decline
decorato *adj* decorated
decorazione *nf* decoration
decreto *nm* decree
definitivamente *adv* definitely
degno *adj* worthy, deserving
delicatamente *adv* delicately
delizioso *adj* delicious
demoralizzato *nm* demoralized person
denaro *nm* money
denominazione *nf* denomination
dente *nm* tooth
dentro *adv* inside
denunciare *inf* to report, declare, state
deporre *inf* to put, lay
depositare *inf* to place, deposit
deposito *nm* warehouse, storehouse
deposto *pp v* see **deporre**
depuratore *nm* purifier

descrivere *inf* to describe
desiderare *inf* to desire, want
desiderio *nm* desire
desinenza *nf* (grammatical) ending
desolato *adj* desolate
destino *nm* destiny, fate
destra *nf* right; *adj* right
destreggiarsi *inf ref* to manage to do something, to maneuver
determinare *inf* to determine
determinativo *adj* definite
determinazione *nf* determination
dettagliato *adj* detailed
detto *nm* motto, saying; *pp v* see **dire**
deve *pres v* see **dovere**
devi *pres v* see **dovere**
devo *pres v* see **dovere**
devolvere *inf* to employ, assign, transfer, transmit
devono *pres v* see **dovere**
devoto *nm* devoted one; *adj* devoted
dialogo *nm* dialogue
diamo *pres v* see **dare**
diario *nm* diary
diavolo *nm* devil
dice *pres v* see **dire**
dicembre *nm* December
diceva *imperf v* see **dire**
dichiarare *inf* to declare
dichiarazione *nf* declaration
diecimila *adj* ten-thousand
diede *pa v* see **dare**
dieta *nf* diet; **è a dieta** see **essere**
dietro *adv* behind
diffendere *inf* to defend
differenza *nf* difference
differire *inf* to differ
difficile *adj* difficult
difficoltà *nf* difficulty
digiuno *nm* fast
digliceride *nm* diglyceride
dignità *nf* dignity
dilazione *nf* extension (of payments)
diletto *adj* beloved *nm* beloved one
dimenticare *inf* to forget
diminutivo *nm* diminutive

diminuzione *nf* decreasing, lowering
dimostrazione *nf* demonstration
dipinto *adj* painted
dipresso: a un dipresso *adv* approximately, nearly, roughly
dirà *fut v* see **dire**
dire *inf* to say, tell
direttamente *adv* directly
diretto *pp v* see **dirigere;** *adj* directed, direct
direttore *nm* director, manager
dirigente *adj* directing, leading, managing
dirigere *inf* to direct
diritto *nm* right, privilege
discendente *nm* descendant
disco *nm* disc, record
discordia *nf* discord, dissention
discoteca *nf* discotheque
discreto *adj* moderate, fair
discussione *nf* discussion
disegnare *inf* to design, sketch
disegno *nm* drawing, sketch
disgrazia *nf* bad luck
disintossicante *adj* detoxicating
dispensare *inf* to dispense, to relieve
disperato *adj* desperate
dispiacere *inf* to displease
disposizione *nf* disposition
disse *pa v* see **dire**
dissero *pa v* see **dire**
distanza *nf* distance
distensivo *adj* relaxing
distesa *nf* expanse
distrazione *nf* distraction
distribuire *inf* to distribute
distributore *nm* distributor
distribuzione *nf* distribution
distruggendo *pres part v* see **distruggere**
distruggere *inf* to destroy
distrutto *adj* destroyed
disturbo *nm* disturbance
dito (*pl* **dita**) *nm* finger(s)
diva *nf* film star, goddess
divenire *inf* to become
diventare *inf* to become
diverso *adj* different

divertente *adj* amusing
divertimento *nm* amusement
divertirsi *inf ref* to enjoy oneself
dividere *inf* to divide
divinità *nf* divinity, god
divino *adj* divine
divorzio *nm* divorce
dl: *abbr* **decilitro** *nm* deciliter
dobbiamo *pres v* see **dovere**
documentato *adj* documented
documentazione *nf* documentation
dodici *adj* twelve
dolce *adj* sweet; *nm* dessert, sweets
dollaro *nm* dollar
dolore *nm* pain
doloroso *adj* painful
domanda *nf* question, application, request
domandare *inf* to ask
domani *adv* tomorrow
domattina *nf* tomorrow morning
domenica *nf* Sunday
domicilio *nm* home, domicile
dominante *adj* dominating
dominato *adj* dominated
Don *nm River in U.S.S.R.*
donna *nf* woman
dopo *adv* after
doppio *adj* double
dorare *inf* to make golden, to brown
dormire *inf* to sleep; **dormire sugli allori** *inf* to rest upon one's laurels
dosato *adj* put in doses
dotato *adj* gifted, endowed, provided
dottore *nm* doctor; college graduate (title)
dove *adv* where
dovere *inf* to have to, must, to be obliged to, to owe
dovrebbe *cond v* see **dovere**
dovreste *cond v* see **dovere**
dovresti *cond v* see **dovere**
dr: *abbr* **dramma** *nm* drama
dramm. *abbr* **drammatico:** *adj* dramatic
dubbio *nm* doubt

due *adj* two
dunque *excl* well, therefore; *conj* therefore
durante *prep* during
durare *inf* to last
duro *adj* hard

E

e *conj* and
è *pres v* see **essere**
ebollizione *nf* boiling
ecc.: *abbr* **eccetera** etc.
eccellente *adj* excellent
eccessivo *adj* excessive
eccezionale *adj* exceptional
ecco *excl* voilà! hoopla!
economia *nf* economy
ed see **e** *conj*
edicola *nf* newsstand
editore *nm* publisher
editoriale *adj* publishing
editrice *adj* publishing
educato *adj* educated
effettivamente *adv* actually, really, indeed
effetto *nm* effect
effettuare *inf* to carry out
efficace *adj* effective
efficienza *nf* efficiency
egualmente *adv* equally, all the same
elemosina *nf* alms
elencare *inf* to list
eliminare *inf* to eliminate
Eliopoli *nm* Heliopolis, *city in Egypt*
emblema *nf* emblem
emicrania *nf* headache
emigrante *nm* emigrant
emiliano *adj* from the region of Emilia
E.N.A.L.: *abbr* **Ente Nazionale Assistenza Lavoratori** National Association for Assistance to Workers
energia *nf* energy
enologo *nm* wine expert
enorme *adj* enormous
entrambi *nm pl* both

entrare *inf* to enter; **entrare in funzione** *inf* to begin working

entro *prep* within

entusiasmante *adj* enrapturing, thrilling

epidemia *nf* epidemic

equilibrato *adj* balanced

équipe *nf* (*French*) team, crew

equivalente *nm* equivalent

era *imperf v* see **essere; era ora** see **essere; era** *nf* era, epoch

erano *imperf v* see **essere; erano in tre** see **essere**

eravate *imperf v* see **essere**

erba *nf* herb

Ercole *nm* Hercules

eretto *pp v* see **erigere**

erezione *nf* erection, raising

ergastolo *nm* life imprisonment

erigere *inf* to erect

ermeticamente *adv* hermetically

Erode *nm* Herod

errore *nm* error

es.: *abbr* **esempio** *nm* example

esagerare *inf* to exaggerate, magnify, overstate

esame *nm* examination

esca *imperat v* see **uscire**

escandescenza *nf* outburst of rage

esclusiva: in esclusiva *adv* exclusively

esclusività *nf* exclusive

esclusivo *adj* exclusive

escono *pres v* see **uscire**

esecrato *adj* loathed, detested

esecutivo *adj* executive

eseguire *inf* to carry out

esempio *nm* example

esequiale *adj* funeral

esequie *nf pl* funeral

esercito *nm* practice, pursuit, exercise

esercizio *nm* exercise

esigenza *nf* exigency, requirement, demand

esiguo *adj* slender, slight, small, little

esistenza *nf* existence

esistere *inf* to exist

esitazione *nf* hesitation

esorcista *nm* exorcist

esperienza *nf* experiment, experience

esplodere *inf* to explode

esplosione *nf* explosion

esposizione *nf* exposition

espressione *nf* expression

espresso *nm* expresso coffee

esprimere *inf* to express

essenziale *adj* essential

essere *inf* to be; **esserci da fare** *inf* to be necessary to do; **essere ghiotto di** *inf* to have a weakness for; **essere ora** *inf* to be about time; **essere in tre** *inf* to be three (of them); **essere d'accordo** *inf* to agree; **essere a dieta** *inf* to be on a diet

est *nm* east

estate *nf* summer

estero *nm* abroad; *adj* foreign

estivo *adj* summer

estratto *nm* statement; **estratto-conto** *nm* statement of account, extract

estrazione *nf* extraction

estremità *nf* extremity

estremo *adj* extreme

esuberanza *nf* exuberance, plenty, over-abundance

età *nf* age

eterno *adj* eternal

etichetta *nf* label, tag

ettaro *nm* hectare (*unit of measure*)

Eugubbino *nm* area around Gubbio, city in Umbria

Europa *nf* Europe

evento *nm* event

eventuale *adj* eventual

evidentemente *adv* evidently

evitare *inf* to avoid

F

fa *pres v* see **fare**; *adv* ago

fabbrica *nf* factory

fabbricato *adj* made, manufactured

fabbro *nm* blacksmith, forger

faccia *nf* face; *imperat v* see **fare**

facciamo *pres v* see **fare**

facendo *pres part v* see **fare**

facesse *imperf subj v* see **fare**

faceva *imperf v* see **fare**

facile *adj* easy

facilità *nf* ease

facilitazione *nf* accommodation, facilitation

fagioletti *nm pl* beans

fagiolo *nm* bean

fai *pres v* see **fare**

falegname *nm* carpenter

falsare *inf* to make false, falsify, misrepresent, distort

falso *nm* falsehood; *adj* false

fame *nf* hunger

famiglia *nf* family

familiare *adj* domestic

famoso *adj* famous

fanno *pres v* see **fare**

fantasia *nf* imagination, fantasy

farà *fut v* see **fare**

farcela *inf* see **fare**

farcito *adj* stuffed

fare *inf* to make, to do, to be (weather); **fare un uovo** to lay an egg; **fare il pieno** to fill up a gas tank; **fare merenda** to have a snack; **farcela** to succeed, to do something successfully, to be successful at; **fare gli sberleffi** to make faces; **fare un decreto** to emit a decree; **fare una scoperta** to make a discovery; **fare bene (male)** to be good (bad); **fare bene (male) a** to be good (bad) for someone or something; **fare bene (male)** plus an infinitive to be good (bad), convenient, advisable, to do something; **fare quattro passi** to take a walk; **fare vedere** to show; **fare passare** to let pass; **fare un bisognino** to go to the bathroom (child's term); **fare visita a** to pay a visit to; **fare una scorpacciata** to eat a bellyful; **fare le corna** to make the sign of the horns; **fare a**

pezzi to tear to pieces; **fare a meno di** to keep from doing, to do without; **farci tappa** to stop, stay

faremo *fut v* see **fare**

farina *nf* flour

farmacia *nf* pharmacy

farmacista *nm* pharmacist

farò *fut v* see **fare**

farsi: farsi sera *inf ref* to become evening

fase *nf* phase, period

fastidio *nm* bother

fate *pres v* see **fare**

fatto *pp v* see **fare**; *nm* fact

fattore *nm* farmer

fattoria *nf* farm

fattura *nf* witchcraft, sorcery, wizardry

favola *nf* fairy tale

favore *nm* favor

favorevole *adj* favorable

fazzoletto *nm* handkerchief

febbre *nf* fever

fece *pa v* see **fare**

fecola *nf* starch

fedele *adj* faithful

fedeltà *nf* faithfulness

fegatino *nm* small liver

fegato *nm* liver

felicemente *adv* happily

felicità *nf* happiness

femminile *adj* female, feminine, women's

femminuccia *nf* cute little girl

femore *nm* femur, leg bone

fenomeno *nm* phenomenon

feriale *adj* working-day, week-day

ferie *nf pl* vacation, vacation time

ferita *nf* wound

fermarsi *inf ref* to stop

fermato *pp v* see **fermarsi**

fermento *nm* ferment, yeast

ferro *nm* iron

ferroviere *nm* railroad worker

festivo *adj* holiday, Sunday

festone *nm* festoon, scallop

fetta *nf* slice

fettina *nf* small slice

fettuccine *nf pl* long, flat noodles

fiaba *nf* fairy tale

fiamma *nf* flame

fianco *nm* hip, side

fibrillazione *nf* fibrillation

fido *adj* faithful, devoted

fiducia *nf* trust, faith

fienile *nm* hay-loft

fieno *nf* hay

figlia *nf* daughter

figlio *nm* son; *pl* children

figliola *nf* daughter

figurarsi *inf ref* to imagine

figurato *adj* figurative; **in senso figurato** see **senso**

filare *inf* to spin

filetto *nm* fillet

film *nm* movie

filo *nm* string, bristle, thread

filosofo *nm* philosopher

finale *adj* final

finché *conj* as long as, until

fine *nm* end; *adj* refined, distinguished

finestra *nf* window

fingere *inf* to pretend

finire *inf* to finish, end up, end; *nm* finish

fino *prep* up to, until; *adj* fine

finocchio *nm* fennel

finto *adj* fake, pretend

fiocchetto *nm* pat (of butter)

fiocco *nm* flake

fiordilatte *nm* cream of milk

fiore *nm* flower

firma *nf* signature

fisico *nm* physical

fissare *inf* to fix

fisso *adj* fixed

fiume *nm* river

fluidico *adj* fluid

fluido *nm* fluid

fluviale *adj* river

focolare *nm* hearth

foglia *nf* leaf

fogolar *dial* see **focolare**

folla *nf* crowd

folklore *nm* folklore

fondato *adj* founded

fondo *nm* background, end, bottom

fontana *nf* fountain

forca *nf* gallows

forchetta *nf* fork

forma *nf* form

formaggio *nm* cheese

formare *inf* to form

formarsi *inf ref* to form for oneself

formula *nf* (legal) formula

formulazione *nf* formulation

fornitura *nf* supplying

forno *nm* oven

forse *adv* perhaps, maybe

forte *adj* strong

fortificazione *nf* fortification

fortissimo *adj* very loud

fortuna *nf* fortune

fortunato *adj* lucky

forza *nf* force, strength

fosse *imperf subj v* see **essere**

foto(grafia) *nf* photograph

fotografo *nm* photographer

FR: *abbr* **Frosinone** *city south of* Rome

fra *prep* in (ref. to time); **fra poco** *adv* shortly

fradicio *adj* soaked through, rotten, decayed

fragola *nf* strawberry

Francese *nm* Frenchman

Francia *nf* France

franco: a porto franco see **porto**

frase *nf* sentence

frate *nm* friar, monk

fratello *nm* brother

fraterno *adj* fraternal

frattura *nf* fracture

freddo *nm* cold; *adj* cold

freschezza *nf* freshness

fresco *adj* fresh, cool

friggere *inf* to fry

frittelle *nf pl* pancakes, fritters, doughnuts

friulano *adj* from the region of Friuli

fronte *nm* front, forehead

frontiera *nf* frontier

frumento *nm* wheat; **farina di frumento** *nf* wheat meal
frutta *nf* fruit
frutteto *nm* orchard
frutto *nm* fruit
fruttuoso *adj* fruitful
fu *pa v* see **essere**
fucilare *inf* to shoot
fucilato *pp v* see **fucilare**
fulvo *adj* fawn-colored, tawny
fumetto *nm* cartoon
fumo *nm* smoke
fune *nf* rope
funebre *adj* funeral
funerali *nm pl* funeral services
fungo *nm* mushroom
funzionario *nm* functionary, civil servant
funzione *nf* function; **entrare in funzione** see **entrare**
fuoco *nm* fire
fuor see *adv* **fuori**
fuori *adv* out, outside; **in fuori** thrust out; **fuori stagione** out of season
furbo *adj* foxy, crafty
furgone *nm* truck, van, wagon
furia *nf* fury, rage
furono *pa v* see **essere**
furore *nm* furor
fuso *nm* spindle (for a spinning wheel)
futuro *nm* future

G

gabbiano *nm* seagull
galeotto *adj* pandered
galera *nf* jail
galleria *nf* gallery
gallina *nf* hen
gallo *nm* rooster
galoppare *inf* to gallop
gamba *nf* leg; **a gambe in su** (hung) by the legs, i.e. with legs in the air
gara *nf* competition
garantire *inf* to guarantee
garanzia *nf* guarantee

gastronomico *adj* gastronomical
gattaiola *nf* cat's entrance, small door or window
gatto *nm* cat
gelato *nm* ice cream; *adj* frozen
Gemelli *nm* astrological sign of Gemini
gemere *inf* to groan, moan
generale *adj* general; *nm* general
genere *nm* type; **in genere** *prep phr* in general
genero *nm* son-in-law
generosità *nf* generosity
geniale *adj* genial, clever, bright
genitori *nm pl* parents
gente *nf* people; **gente per bene** honest, trustworthy, well-bred people
genuino *adj* genuine
Gerusalemme *nf* Jerusalem
gestione *nf* management, business
gesto *nm* gesture, act
gestore *nm* manager
gettare *inf* to throw (away), (out), to cast, to emit
ghiacciaia *nf* icer, ice-box, refrigerator
ghiaccio *nm* ice
ghiotto *adj* gluttonous, greedy; **era ghiotto di** see **essere**
ghirlanda *nf* garland, wreath
già *adv* already; *excl* yes (in affirmation)
giacca *nf* jacket
giacché *conj* since
giallo *adj* yellow
gianduia *nf* chocolate drop from Turin
giardino *nm* garden
Ginevra *nf* Geneva
giocare *inf* to play
giocatore *nm* player
gioco *nm* game, gambling
gioia *nf* joy
gioiello *nm* jewel
Giordano *nm* Jordan River
giornale *nm* newspaper
giornalista *nm* journalist

giornata *nf* day (in its duration)
giorno *nm* day; **di giorno** during the day
giovane *adj* young; *nm* young person
giovedí *nm* Thursday
giradisco *nm* record player
girare *inf* to circle an area, to turn
girasole *nm* sunflower
giro *nm* turn, trip; **andarsene in giro** see **andare**
gita *nf* short trip
giú *adv* down
giudicare *inf* to judge
giudice *nm* judge
giugno *nm* June
giungere *inf* to arrive
giunto *pp v* see **giungere**
giuramento *nm* oath
giurare *inf* to swear
giustizia *nf* justice
giustiziere *nm* executioner
giusto *adv* properly; *adj* proper
gnocchi *nm pl* small balls of potato pasta served with sauce
godersi *inf ref* to enjoy for oneself
goloso *nm* glutton, epicure, gourmand
gomito *nm* elbow; **puntano i gomiti** see **puntare**
gomma *nf* chewing gum
gr.: *abbr* **grammo** *nm* gram
gradazione *nf* alcoholic strength
gradire *inf* to like, accept
grado *nm* rank, degree
graduale *adj* gradual
graffio *nm* scratch, nick
grammaticale *adj* grammatical
gran: *contr* see **grande**
grande *adj* great
grandicello *adj* biggish
grandine *nf* hail
Grand'Ufficiale *nm* honorary title given by Italian government
granello *nm* small grain
grano *nm* grain
grappolo *nm* bunch of grapes

grasso nm fat; adj fatty
graticola nf grill; **alla graticola** grilled
gratinare inf to bake au gratin
gratis adj free
grato adj grateful
gratuito adj free, complimentary
grattugiato adj grated
grave adj solemn, serious, important
grazie excl thank you
grazioso adj pretty, elegant, gracious
grembiulata nf apronful
gridare inf to yell, scream
grido nm scream
grigio nm grey
griglia nm grill
grosso adj big
grotta nf grotto
gruppo nm group
guaio nm difficulty, scrape
guancia nf cheek
guardando bene taking care, making sure; pres. part. v. **guardare**
guardare inf to look at
guarigione nf recovery
guarire inf to recover, heal
guarnire inf to garnish
guarnizione nf garnish
guerra nf war, battle
guerriero nm warrior
guida nf guide
guidato adj managed
gustare inf to enjoy
gusto nm taste, flavor
gustoso adj tasty, savory

H

ha pres v see **avere**
hai pres v see **avere**
hanno pres v see **avere; hanno paura** see **avere**
ho pres v see **avere**

I

idea nf idea
idoneo adj fit, suitable
idrog.: abbr **idrogenato** adj hydrogenated
idrogenato adj hydrogenated
ieri adv yesterday
igiene nf hygiene
ignorante adj ignorant
ignota adj unknown
illuminazione nf illumination
illustrazione nf illustration
imbecille nm imbecile
imbottigliato adj bottled
imbottito adj stuffed
immagine nf picture, image
immaturità nf immaturity
immenso adj immense
imminente adj imminent, at hand
immobile nm real estate
immobiliare adj immovable (property)
immortalare inf to immortalize
immunizzarsi inf ref to immunize oneself
immutato adj unchanged
impanato adj breaded
imparare inf to learn
impasto nm kneading
impazzire inf to go insane, mad
impedire inf to prevent, impede
impegnare inf to engage, bind, take up
impegno nm care, zeal, diligence
impero nm empire
impiantare inf to plant, set up
impianto nm installation
impiegato nm clerk
impiego nm use
importante adj important
importare inf to be important
importo nm amount
impossibilità nm impossibility
improvviso: d'improvviso adv suddenly
imprudenza nf imprudence, rashness

inaugurale adj inaugural
incantare inf to enchant
incarico nm commission
incedere inf to advance, proceed
incertezza nf uncertainty
inchiesta nf inquiry, investigation
inchiostro nm ink
incidente nm incident
includere inf to include
inclusivo adj inclusive
incluso adj included; pp v see **includere**
incolmabile adj overwhelming
incolpare inf to put the blame on
incominciare inf to begin
incompreso adj not understood
incontrare inf to meet
incontro nm meeting
incredibile adj incredible
incrociato adj crossed
indagine nf inquiry
indeciso adj indecisive
indelebile adj indelible
indeterminativo adj indefinite
Indiano nm Indian
indicare inf to indicate, point out
indice nm indicator, pointer, needle
indicibile adj indescribable, inexpressible, unspeakable
indietro adv back
indignato adj indignant
indimenticabile adj unforgettable
indimenticato adj unforgotten
indirizzare inf to address
indirizzo nm address
individualista nm individualist
indomani nm the next day
industria nf industry
inesorabile adj inexorable
infarinare inf to flour
infaticabile adj indefatigably, tireless
infatti conj as a matter of fact, in fact
infedeltà nf infidelity

infelicità *nf* unhappiness
infermiera *nf* nurse
infilare *nm* penetrating, inserting; *inf* to penetrate, stick in
infine *adv* finally
infinito *nm* infinitive; *adj* infinite
influsso *nm* influence
infondere *inf* to inspire, instill
informazione *nf* information
ing: *abbr* **ingegniere** *nm* engineer
ingannare *inf* to deceive, trick
inganno *nm* trick
ingegniere *nm* engineer
Inghilterra *nf* England
inglese *nm* English
ingrassare *inf* to gain weight, to get fat
ingrediente *nm* ingredient
ingresso *nm* entrance
iniezione *nf* injection, shot
inintermediario without mediation
iniziale *nf* initial
iniziare *inf* to begin, initiate
iniziativa *nf* initiative, enterprise
iniziato *ppv* see **iniziare**
inizio *nm* start, beginning
innaffiare *inf* to water, moisten
innamorato *adj* in love
innanzi *adv* forward, onward
insalata *nf* salad
insalatiera *nf* salad bowl
insegnante *nf* teacher
insegnare *inf* to teach
insieme *adv* together
insolubile *adj* unsolvable
insomma *adv* in short
instabilità *nf* instability
insulto *nm* insult
intanto *adv* meanwhile
intatto *adj* intact, whole
intelligente *adj* intelligent
intendere *inf* to intend
intensificazione *nf* intensification
intenso *adj* intense

intenzione *nf* intention
interamente *adv* entirely
interessamento: su interessamento di by the good offices of
interessante *adj* interesting
interessare *inf* to interest
interessato *nm* interested person
interesse *nm* interest
interno *nm* inside
intero *adj* entire
interpellare *inf* to ask, summon
interpretazione *nf* interpretation
interprete *nm* actor, interpreter
intervallo *nm* interval, break, intermission
intervento *nm* intervention
inteso *adj* understood
intimare *inf* to order, command
intinto *adj* dipped
intirizzito *adj* numb, stiff
intorno *adv* around, about
intransigenza *nf* intransigence, intolerance
intravvedere *inf* to foresee, to catch a glimpse of
intrecciare *inf* to interlace, twist, braid
intreccio *nm* plot
intricato *adj* intricate
intriso *adj* soaked
introdurre *inf* to introduce, insert
introdusse *pav* see **introdurre**
inumato *nm* buried, interred one
inutile *adj* useless
invadere *inf* to invade
invecchiamento *nm* aging
invecchiarsi *inf ref* to get old, to age
invece *adv* instead
inveire *inf* to inveigh
inventare *inf* to invent
invenzione *nf* invention
invernale *adj* winter
investigazione *nf* investigation
investimento *nm* investment
inviare *inf* to send
invio *pres v* see **inviare**

invitare *inf* to invite
invito *nm* invitation
involucro *nm* wrapper
ipotecare *inf* to mortgage
iride *nf* rainbow
ironico *adj* ironic
irritare *inf* to irritate
irriverente *adj* irreverent
iscritto *nm* subscriber, member; *adj* registered
iscriversi *inf ref* to enroll
iscrizione *nf* enrollment
isobare *nm* isobar
isola *nf* island
ispettore *nm* inspector
istallare *inf* to install
istantanea *adj* instant, immediate
istante: all'istante *adv* instantly
istinto *nm* instinct
istituto *nm* institute
istituzione *nf* institution
italiana: all'italiana *prep phr* in the Italian way
Italo-Americano *nm* Italian-American
itinerario *nm* itinerary
I.V.A.: *abbr* **Imposta Valore Aggiunto** added value tax established by European Common Market countries

K

Kg.: *abbr* **chilogrammo** *nm* kilogram
Km.: *abbr* **chilometro** *nm* kilometer

L

L.: *abbr* **lira** *nf* lira, lire
là *adv* over there
labbra *nf pl* lips
laborioso *adj* laborious, difficult
laconico *adj* laconic, concise
ladro *nm* thief
laghetto *nm* small lake

lago nm lake
lama nf blade
lamento nm lament, moaning, complaint
lampadario nm chandelier
lampone nm raspberry
lanciato adj thrown, cast
lanciatore nm thrower, pitcher
languorino nm pangs of hunger
lardo nm bacon fat
lasciare inf to leave, allow; **lasciare il posto a** to give way to
latente adj latent
lato nm side
latte nm milk
lattico adj lactic
lattosio nm lactose, milk-sugar
lauro nm bay-leaf
lavare inf to wash
lavorare inf to work
lavorazione nf workmanship, production
lavoro nm work
leccare inf to lick
leccio nm ilex, holm-oak
lecitina nf lecithin
legare inf to tie
legge nf law
leggenda nf legend
leggere inf to read
leggero adj light
legno nm wood
lentezza nf slowness
Leone nm astrological sign of Leo
lesena nf pilaster strip
lesso nm boiled meat
lettera nf letter
letto nm bed
lettura nf reading
levato adj raised up
liberarsi inf ref to free oneself
libero adj free
libreria nf bookstore
libro nm book
licenza nf licence
liceo nm Italian secondary school

lievito nm yeast, leaven; **lievito chimico** nm baking powder
limitarsi inf ref to limit oneself
limone nm lemon
limpido adj clear
linea nf line, series
lingua nf language, tongue
liofilizzato adj freeze-dried
liquore nm liqueur
lira nf Italian monetary denomination
lirico adj lyric
lista nf list
litro nm liter
locale nm premises, business premises, restaurant, night-club, establishment
localmente adv locally
loco nm place; **in loco** at a (given) place
lodare inf to praise
logicamente adv logically
lombardo adj from the region of Lombardia
Londra nf London
lontananza nf distance
lontano adv far
lordo nm gross amount
loro poss adj their
lotto nm lot
luccio nm pike
luglio nm July
lumaca nf snail
luna nf moon
lungamente adv for a long time, long
lungo adv long, along; **a lungo** for a long time
luogo nm place; **avrà luogo** see **avere**
lupini nm pl horse beans, lupins
lupo nm wolf
lusingatore nm flatterer
lusso nm luxury

M

ma conj but
macabro adj macabre
maccheroni nm pl macaroni

macchina nf car
macinare inf to grind
macinato adj ground
Madonna nf Virgin Mary, Madonna
madre nf mother
maga nf sorceress
magari adv perhaps
maggio nm May
maggioranza nf majority
maggiore adj older, oldest, major
magnifico adj magnificent
mago nm sorcerer, magician, wizard
magro adj skim (milk), thin
mai adv never; **quanto mai** see **quanto**
maiale nm pork
malalingua nm back-biter, gossip
malato adj sick, ill; nm sick person
malattia nf illness, sickness
malavita nf underworld
male adv badly; nm evil, misfortune, trouble
malefico adj evil, harmful
malizia nf malice
malmesso adj neglected, messy
malto nm malt
mamma nf mama
mancare inf to lack, to be missing
manciata nf handful
mandare inf to send; **mandare a chiamare** to send for
maneggevolezza nf manageability
mangiare inf to eat
mangime nm chicken-feed, cattle-feed, fodder
mango nm mango fruit
maniacale adj mad, crazy
maniera nf manner
manifestarsi inf ref to reveal oneself
manina nf little hand
mano nf hand; **dà la mano** see **dare**

mantenere *inf* to maintain
mantiene *pres v* see **mantenere**
manutenzione *nf* maintenance
manzo *nm* beef
maraschino *nm* maraschino flavor
marca *nf* brand
marchio *nm* mark; **marchio di fabbrica depositato** registered trade mark
marciare *inf* to march
mare *nm* sea
marena *nf* sour black cherry
Margutta: via Margutta *nf* *Roman street known for artists' colony*
marinaio *nm* sailor
marinare *inf* to marinate
marinata *nf* marinade
marino *adj* marine
marito *nm* husband
Marocchino *nm* Moroccan
marrone *adj* brown
marrons glacés *nm pl* (*French*) candied chestnuts
marsala *nf Sicilian sweet wine*
martedí *nm* Tuesday
martello *nm* hammer
marzo *nm* March
mascherone *nm* grotesque mask
maschile *adj* masculine
massimo *adj* maximum
materia *nf* material
matrimonio *nm* matrimony
mattino *nm* morning
mattone *nm* brick
mattutino *adj* morning
maturare *inf* to mature
maturo *adj* mature
mazza *nf* club
media *nf* average, mean
medianico *adj* mediumistic
medicare *inf* to medicate
medicazione *nf* medication
medico *adj* medical; *nm* doctor
medievale *adj* medieval
mediocre *adj* mediocre
Medio Evo *nm* Middle Ages
meditare *inf* to meditate
medium *nm* medium

meglio *nm* best, better; *adv* better
mela *nf* apple
melodramma *nm* melodrama
memorabile *adj* memorable
memoria *nf* memory
menare: **menare la ruota** *inf* to push the lever bar of a millstone
meno *adj* less; **a meno che non** *conj* unless
mensa *nf* table
mensilmente *adv* monthly
mentale *adj* mental
mentire *inf* to lie
mentre *conj* while
menú *nm* menu
meraviglia *nf* wonder, marvel, surprise, astonishment
meravigliarsi *inf ref* to marvel at
meraviglioso *adj* marvellous
mercato *nm* market
mercoledì *nm* Wednesday
merenda *nf* snack; **facciamo merenda** let's have a snack
meridionale *adj* southern
meritato *adj* deserved
mescolare *inf* to mix
mese *nm* month
Messa *nf* Mass
Messico *nm* Mexico
messo *ppv* see **mettere**
mestiere *nm* job
meteorologico *adj* meteorological
metodo *nm* method
metro *nm* meter
mettere *inf* to put; **mettere in ridicolo** to ridicule; **mettere in palio** to offer as a prize; **mettere a partito** to put to use; **mettere a mollo** to soak
mettersi *inf ref* to begin; **mettersi in strada** to begin on one's way; **mettersi per via** to set out (on one's way)
mezzanotte *nf* midnight
mezzo *adj* half; *nm* mean, means, middle
mia *poss* adj my

mica *adv* hardly
microscopico *adj* microscopic, very small
miele *nm* honey
migliaia *nf pl* thousands
migliore *adj* best, better
migliorie *nf pl* improvements
mila *adj pl* thousand (*sing* **mille**)
milione *nm* million
minaccia *nf* threat
minacciare *inf* to threaten; **minacciare di morte** to threaten death to
minerale *adj* mineral
minestra *nf* soup
minestrone *nm* hearty vegetable soup
minimo *adj* minimum
minore *adj* younger, youngest
minorile *adj* for minors
minuscolo *adj* very small
minuto *nm* minute
Mirabilia urbis Romae (*title*) Wonders of the City of Rome
mirtillo *nm* bilberry, whortleberry
miscela *nf* mixture
mise *pav* see **mettersi**
misero *pav* see **mettere**
misterioso *adj* mysterious
mistero *nm* mystery
mito *nm* myth
mitralica *adj* of the mitral valve (of the heart)
moderato *adj* moderate
moderno *adj* modern
modicità *nf* cheapness, moderateness of price
modificare *inf* to modify
modo *nm* means, way; **modo di dire** *nm* idiom, saying
moglie *nf* wife
mollica *nf* crumb, soft part of bread
mollo: (*slang*) **a mollo** *adv* soaking
molti *adj* many
molto *adv* very
momento *nm* moment

mondanissimo adj very worldly
mondiale adj world
mondo nm world
monogliceride nm monoglyceride
monopolio nm monopoly
montagna nf mountain
montare inf to mount
monti nm pl mountains
monumento nm monument
morale adj moral
moralista nm moralist
morbido adj soft, smooth, delicate
mordace adj biting
mordere inf to bite
morire inf to die
mormoratore nm murmurer, grumbler
morso ppv see **mordere**
morte nf death; **minacciavano di morte** see **minacciare**
morto ppv see **morire**; nm corpse, dead one; adj dead
mortuario adj mortuary
mosso adj rough (sea)
mostra nf display, show
mostrare inf to show
mostrarsi inf ref to show oneself
mostro nm monster
moto(cicletta) nf motorcycle
movimentato adj lively, animated
movimento nm movement
mozzarella nf mozzarella cheese
mq.: abbr **metri quadrati** nm pl square meters
mulino nm mill
muoiono press v see **morire**
muore pres v see **morire**
muovere inf to move
muraglia nf wall; **la Grande Muraglia** nf the Great Wall of China
musica nf music
musicale adj musical
mutismo nm silence, muteness
muto adj mute, silent
mutuo adj mutual

N

n.: abbr **numero** nm number
narrativa nf narrative, prose genre
nascere inf to be born
nascosto pp v hidden
naso nm nose
nastro nm ribbon
natale adj hometown, native
nato adj born
natura nf nature
naturale adj natural
nave nf ship
navigare inf to sail, navigate
nazionale adj national
né . . . né conj neither . . . nor; either . . . or
nebbia nf fog
necessario adj necessary
necessità nf necessity
necrologia nf obituaries
negativo adj negative
negazione nf negation
negozio nm store
nemico nm enemy
nemmeno adv not even
neozoico adj (geological) Neozoic
nero adj black
nervo nm nerve
nessuno pron no one; adj no, any
netto: di netto cleanly, sharply
netturbino nm street cleaner, rubbish collector
neve nf snow
nevicare inf to snow
nevicata nf snowfall
nevrosi nf neurosis
N.H.: abbr **Nobil Uomo** see footnote in "Necrologia" (p. 78)
nido nm rest
niente pron nothing
nipote nmf grandchild, nephew, niece
nobile adj noble
nocciola nf hazel nut
noce nm walnut tree
nodo nm knot

noia nf boredom, ennui
noleggiare inf to rent
nome nm name
nominare inf to name
non adv not
nonna nf grandmother
nonno nm grandfather
normalmente adv normally
nostro poss adj our
nota nf note
notare inf to note
notarile adj notary, notarizing
notevole adj notable
notizia nf news item
noto adj noted, famous
nottata nf night (in its duration); **in nottata** during the night
notte nf night; **di notte** during the night
notturno adj of the night, nocturnal
nove adj nine
novecento adj nine hundred
novello adj new; **novelli sposi** nm pl newlyweds
novembre nm November
N.U.: abbr. **Nettezza Urbana** municipal service for collecting rubbish, cleaning streets, etc.
nudo adj nude
nulla pron nothing; **di nulla** of little importance
numerato adj numbered
nuora nf daughter-in-law
nuotare inf to swim
nuovo adj new; **di nuovo** adv again
nutrendo pres part v see **nutrire**
nutriente adj nourishing, nutritious
nutrimento nm nutriment
nutrire inf to nourish
nuvolosità nf cloudiness

O

o . . . o conj either . . . or
obbedire inf to obey

obelisco *nm* obelisk
occasione *nf* chance, occasion
occhieggiare: *inf* to cast glances at, to peep, peer, to make eyes at
occhio *nm* eye
occluso *adj* occluded
occorrere *inf* to be necessary
occupare *inf* to keep busy
occuparsi *inf ref* to take care of
od *conj* see **o**
odissea *nf* odyssey
odorare *inf* to smell
odorato *nm* smell
odore *nm* odor
offerta *nf* offering, offer
offerto *adj* offered
officina *nf* shop, workshop
offrire *inf* to offer
oggetto *nm* object
oggi *nm* today
ogni *adj* each; **ogni tanto** *adv* every now and then
ognuno *pron* everyone
olandese *adj* Dutch
olio *nm* olive oil
oltre *adv* in addition to, more than, beyond
omogeneizzato *nm* baby food
omonimo *adj* homonymous, of the same name
On.: *abbr* **Onorevole** honorable (title)
onda *nf* wave
ondoso *adj* wavy, choppy
onestà *nf* honesty
onesto *adj* honest
onorario *nm* honorarium, emolument fee
opera *nf* work
operaio *nm* worker
operare *inf* to operate
operazione *nf* operation
operoso *adj* active, industrious, hard-working
opportunità *nf* opportunity
opposto *adj* opposite
oppure *conj* or, on the other hand, or else
opulenza *nf* opulence
opuscolo *nm* booklet, pamphlet

or: *abbr* **orario** *nm* schedule
ora *adj* now; *nf* hour; **era ora** see **essere**
oracolo *nm* oracle
orario *nm* schedule
orazione *nf* prayer
Orca *nf* Ork (mythological beast)
orchestra *nf* orchestra
ordinale *adj* ordinal
ordinare *inf* to order
ordine *nm* order
orecchio *nm* ear
oretta *nf* about an hour
orfanotrofio *nm* orphanage
organismo *nm* organism, body
organizzare *inf* to organize
organizzatrice *adj* organizing
organizzazione *nf* organization
origano *nm* oregano
originariamente *adv* originally
origine *nf* origin, beginning
orizzontale *adj* horizontal
ormai *adv* by now
oro *nm* gold
oroscopo *nm* horoscope
orribile *adj* horrible
ortaggio *nm* vegetables
orto *nm* kitchen garden, truck farm
ortopedico *adj* orthopedic
oscillazione *nf* oscillation, shaking
ospedale *nm* hospital
ossa *nf pl* bones
osso *nm* bone
ostacolo *nm* obstacle
oste *nm* inn-keeper
osteria *nf* tavern, pub
ostinatamente *adv* stubbornly
ostrica *nf* oyster
otorinolaringoiatra *nm* eye-ear-nose-throat specialist
ottenere *inf* to obtain
ottimista *adj* optimistic
ottimo *adj* perfect, best, excellent
otto *adj* eight
ottobre *nm* October
ovale *nm* oval
ove see **dove**

ovest *nm* west
Ovomaltina *nf commercial product based on malt*
ovunque *adv* wherever, anywhere
ovviamente *adv* obviously
ozio *nm* idleness

P

pacchetto *nm* pack, packet
pace *nf* peace
padella *nf* pan
padre *nm* father
padrona *nf* owner (female)
padronale *adj* main, private
padrone *nm* owner (male)
paese *nm* home town, country
pagamento *nm* payment
pagare *inf* to pay
pagina *nf* page
palazzo *nm* building
palio: mettere in palio see **mettere**
palla *nf* ball
pallido *adj* pallid, pale, wan
palma *nf* palm, web; **palme pasquali** Easter palm fronds
palmitato *nm* palmitate
pan: see **pane; pan de Spagna** *nm* sponge cake
pancetta *nf* bacon
pancia *nf* belly, stomach
pane *nm* bread
panierino *nm* little basket
panna *nf* whipped cream
panoramico *adj* panoramic
pantaloni *nm pl.* trousers, pants
papa *nm* pope
papà *nm* dad
papavero *nm* poppy
pappagallo *nm* parrot
paradiso *nm* heaven
paragonabile *adj* comparable
paralizzare *inf* to paralyze
paranoia *nf* paranoia
parapsicologo *nm* parapsychologist
parecchi *adj pl* many
parente *nm* relative

parere *inf* to seem, appear
parete *nf* wall
parlamento *nm* parliament
parlare *inf* to speak, talk
parmigiano *nm* cheese from Parma, Parmesan cheese
parodiare *inf* to parody
parola *nf* word
parrocchia *nf* parrish
parrocchiale *adj* parochial
parte *nf* part, area, role; **recitando la parte:** see **recitare; a parte** on the side
partecipare *inf* to announce, participate, inform
partenza *nf* departure
particella *nf* particle
particolare *adj* particular; **in particolare** in particular
particolari *nm pl* particulars
particolarmente *adv* particularly
partire *inf* to depart, leave; **a partire di** starting from
partita *nf* game
partitivo *nm* partitive
pasquale *adj* Easter; **palme pasquali** see **palma**
passaggio *nm* passing (through)
passare *inf* to pass, fit, drop by, pass by
passatempo *nm* pastime
passato *nm* past
passeggiata *nf* walk, promenade
passeggio *nm* walk, promenade
passo *nm* step
pasta *nf reference to anything made of farinaceous dough, i.e.: spaghetti, fettucine, ravioli, rigatoni, etc.*
pasticceria *nf* pastry shop
pastiera *nf* serving dish for pasta
pasto *nm* meal
patata *nf* potato
patina *nf* patina, glaze, coating, film
patologia *nf* pathology
patto *nm* agreement
paura *nf* fear
pausa *nf* pause

pazzo *nm* crazy man, insane one; *adj* crazy, mad
peccare *inf* to sin
peccatrice *nf* sinner (female)
pedalino *nm* (slang) sock, stocking
pediatra *nm* pediatrician
peggio *adv* worse
pelle *nf* skin, leather
pellegrino *nf* pilgrim, traveller
pellicola *nf* film
pelo: sacco a pelo see **sacco**
peloso *adj* hairy
pena *nf* punishment, penalty; **pena capitale** *nf* capital punishment
pendere *inf* to hang
pennello *nm* brush
pensare *inf* to think; **pensare meglio di** to think it better to
pensiero *nm* thought
pentola *nf* pot
pentolino *nm* small pot
pepare *inf* to pepper
pepe *nm* pepper
peperoncino *nm* hot pepper
per: see **po'**
perché *conj* why, because, so that; *nm* reason
perciò *conj* therefore, so
percorrere *inf* to run through, across, along
percorse *pa v* see **percorrere**
perdere *inf* to lose
perdonare *inf* to forgive, pardon
perenne *adj* perennial
perfettamente *adv* perfectly
perfetto *adj* perfect
perfino *adv* even
pericolo *nm* danger
pericoloso *adj* dangerous
periodico *nm* magazine
periodo *nm* period
perizia *nf* expert judgment
permanenza *nf* permanence
permettere *inf* to permit
permettersi *inf ref* to permit oneself; **permettersi il lusso** *inf* to indulge oneself
permutare *inf* to barter
però *conj* but, however

persico *nm* perch
perso *pp v* see **perdere**
persona *nf* person
personaggio *nm* personage, bigwig, character
personale *nm* staff, personnel; *adj* personal
personalità *nf* personality
personalmente *adv* personally
pertanto *conj* therefore
pesare *inf* to weigh
pesca *nf* fishing
pesce *nm* fish
Pesci *nm pl* astrological sign of Pisces
pescura *adj* formed from **pesca:** *nf* fishing
peso *nm* weight; **peso netto** *nm* net weight
pessimista *nm* pessimist; *adj* pessimistic
petto *nm* chest, breast
pezzettino *nm* small piece
pezzetto *nm* little piece
pezzo *nm* piece; **pezzo forte** *nm* "big gun", "hot property"; **fatto a pezzi:** see **fare**
piacere *nm* pleasure: *inf* to be pleasing
piacevole *adj* pleasant
piangente *adj* crying
piangere *inf* to cry
piangono *pres v* see **piangere**
piano *adv* slowly; *nm* floor
piantare *inf* to plant
pianto *nm* crying
piatto *nm* plate, dish; **piatto di servizio** *nm* serving dish
piazzale *nm* large square
picchiare *inf* to knock
piccina *nf* dear little girl; *adj* small
piccolo *adj* small, little
picnic *nm* picnic
piede *nm* foot
piega *nf* fold, crease
pienamente *adv* fully
pieno *adj* full
pietà *nf* pity, charity, piety; **per pietà** please
pietanza *nf* meal

pietra *nf* rock, stone
pignata *nf* pot
Pinelli Roman poet
pino *nm* pine tree
Pio XII Pope Pius XII
pioggia *nf* rain
piramide *nf* pyramid
piscina *nf* swimming pool
piú *adv* anymore, more
piuma *nf* feather
piuttosto *adv* rather
pizza *nf* pizza-pie
pizzaiola *nf* pizza vendor; **alla pizzaiola** with tomato sauce
pizzico *nm* pinch
placido *adj* quiet, placid, calm, peaceful
plurale *nm* plural
pneumatici *nm pl* tires
po': *contr* **poco:** a little; **per un po'** for a short time
poco *adj* few; **di poco conto** of little (or no) account, unimportant
poesia *nf* poem
poeta *nm* poet
poetico *adj* poetic
poi *adv* then
polipo *nm* polyp, octopus
polizia *nf* police
poliziesco *adj* police
poliziotto *nm* policeman
pollo *nm* chicken
polpa *nf* pulp
polso *nm* pulse, wrist
poltrona *nf* easy chair
polv.: *abbr* **polvere:** *nf* powder, dust
pomeriggio *nm* afternoon
pomodoro *nm* tomato
ponete *imperat v* see **porre**
pontefice *nm* pope
popolazione *nf* population
popolo *nm* people (collective)
porcellana *nf* porcelain
porre *inf* to put
porta *nf* door, goal, end zone, net; **Porta Rastrello** barrier at the gates of a city
portare *inf* to take, bring, carry, wear

portico *nm* porch, portico
porto *nm* port; **porto franco** *adv* free
porzione *nf* portion
posare *inf* to set down, pose, lay, rest
posizione *nf* position
possibile *adj* possible; *nm* possible
possibilità *nf* possibility
postale *adj* postal
posto *nm* place
poté *pa v* see **potere**
potentissimo *adj* very strong
potere *inf* can, to be able; *nm* power
potranno *fut v* see **potere**
potreste *cond v* see **potere**
potrete *fut v* see **potere**
poveretto *nm* poor guy, poor man
povero *adj* poor
pranzo *nm* dinner
pratica *nf* practice, negotiation, affair, file, dossier
praticare *inf* to practice, to put into practice
praticello *nm* small meadow
pratico *adj* practical
prato *nm* meadow
precedente *nm* precedent; *adj* preceeding
precedentemente *adv* previously
preferibilmente *adv* preferably
preferire *inf* to prefer
prefettizio *adj* prefectorial
prefettura *nf* prefecture, prefect's office
prega: si prega please
pregare *inf* to pray, request
preghiamo *pres v* see **pregare**
pregiato *adj* prized, held in esteem, precious
preistoria *nf* pre-history
preistorico *adj* prehistoric
prematuro *adj* premature
premettere *inf* to place in front
premiare *inf* to reward, to award a prize to
premio *nm* prize

premuroso *adj* thoughtful, attentive
prendere *inf* to get, catch, take, grab; **prendere sul serio** to take seriously; **prendere a** to begin
prenotarsi appointment necessary
prenotazione *nf* reservation
preparare *inf* to prepare
preparazione *nf* preparation
preposizione *nf* preposition
prepotenza *nf* overbearing action; **di prepotenza** decisively, overwhelmingly
prescritto *adj* ordered, prescribed
presentare *inf* to present
presentarsi *inf ref* to present oneself
presentazione *nf* presentation
presente *adj* present
presenza *nf* presence
presero *pa v* see **prendere**
presieduto *adj* presided
preso *pp v* see **prendere**
pressi *prep* in the vicinity of
pressione *nf* pressure
presso *prep* among; *adv* at
prestare *inf* to lend, to borrow
prestarsi *inf ref* to lend oneself
prestigioso *adj* prestigious
presto *adv* quickly, soon
presumere *inf* to presume
presunto *adj* presumed, suspected
pretendere *inf* to claim
previo *adj* previous, prior; **previo appuntamento** by previous appointment
previsione *nf* forecast; **in previsione di** in expectation of
previsto *adj* foreseen
prezioso *adj* precious
prezzemolo *nm* parsley
prezzo *nm* price
prima *adv* first; **prima di** before; *conj* **prima che** before; **a prima vista** at first sight, at a glance; **prima visione** new film

primo *adj* first, prime, select
principale *adj* principal
principalmente *adv* principally
privato *adj* private
privo *adj* devoid, lacking
pro *prep* for
probabilità *nf* probability
probabilmente *adv* probably
problema *nm* problem
processo *nm* process
procurare *inf* to get
procurarsi *inf ref* to get for
  oneself
procuratore *nm* attorney
prodotto *nm* product
producono *pres v* see **produrre**
produrre *inf* to produce
produttore *nm* producer
produzione *nf* production
prof.: *abbr* **professore** *nm*
  professor
professione *nf* profession
professionista *nm* professional
professore *nm* professor
profetico *adj* prophetic
profondamente *adv* deeply,
  profoundly
profondo *adj* deep, profound
profumato *adj* sweet-smelling
profumo *nm* perfume, scent
progettare *inf* to plan, design
progetto *nm* project
prognosi *nf* prognosis
programma *nm* program
proibito *adj* forbidden,
  prohibited
prolungato *adj* at length, for a
  considerable time
promettere *inf* to promise
promesso *pp v* see **promettere**
promosso *pp v* see **promuovere**
promozione *nf* promotion
promuovere *inf* to promote
pronipote *nm* great grandchild,
  grand nephew, niece
pronomiale *adj* pronomial
pronto *adj* ready
pronunciare *inf* to pronounce
propone *pres v* see **proporre**
proporre *inf* to propose
proporzione *nf* proportion

proposito: a proposito *adv*
  purposefully
proposto *pp v* see **proporre**
proprietà *nf* property, belonging
proprietaria *nf* proprietress
proprietario *nm* proprietor,
  owner
proprio *adv* just, exactly; *adj*
  exact, just, precise, one's own;
  in senso proprio: see **senso**
prosciutto *nm* cured ham
proseguimento *nm* continuation
prossimo *adv* near; *adj* next
protagonista *nmf* protagonist
proteina *nf* protein
protetto *adj* protected
protezione *nf* protection
prova *nf* trial, test
provare *inf* to try, experience
proverbio *nm* proverb
provincia *nf* province
provocare *inf* to cause
Provvidenza *nf* Providence
prugna *nf* plum
psichiatra *nm* psychiatrist
psicologo *nm* psychologist
psicoveggente *nm* psycho-seer
pubblicare *inf* to publish
pubblicità *nf* advertising,
  publicity; **piccola pubblicità**
  want ads
pubblico *nm* public
Puglia *nf* region of Italy
pulcino *nm* chick
pungente *adj* biting, pungent,
  stinging
punire *inf* to punish
punta *nf* point
puntare *inf* to direct, aim, hoist;
  puntare i gomiti to put one's
  elbows up (upon a table)
punteggio *nm* score
puntino *nm* dot
punto *nm* point
puntura *nf* puncture
può *pres v* see **potere**
puoi *pres v* see **potere**
purché *conj* provided that
pure see **sia pure**
purezza *nf* purity
Purgatorio *nm* Purgatory

Q

qua *adv* here
quadretto *nm* small picture
qualche *part* a few
qualcosa *pron* something
qualcuno *pron* someone
quale *interr adj* which, what
qualifica *nf* title
qualità *nf* quality
qualitativo *adj* qualitative
qualora *conj* in case, if in case
qualsiasi *adj* any
quando *adv* when
quantità *nf* quantity
quanto *interr adj* how much,
  how many; as (much); **in**
  quanto in as much as, since;
  quanto mai *adv* very,
  extremely, awfully
quarantaquattro *adj* forty-four
quartiere *nm* neighborhood
quarto *adj* fourth; *nm* quarter
quasi *adv* almost
quattro *adj* four
quattrocentesco *adj* of the
  1400's
quello *adj* that
querelarsi *inf ref* to complain
questa *pron* this one
questione *nf* question
questo *dem adj* this
qui *adv* here
quindi *conj* therefore
quindici *adj* fifteen
quota *nf* fee, installment; **quota**
  associativa *nf* membership fee
quotarsi *inf ref* to subscribe,
  assess oneself
quotidiano *adj* daily

R

racchetta *nf* racket
raccogliere *inf* to gather
raccolse *pa v* see **raccogliere**
raccolto *pp v* see **raccogliere**
raccomandato *adj*
  recommended; **lettera**
  raccomandata *nf* registered
  letter

raccomandazione *nf* recommendation
raccontare *inf* to relate, tell, narrate
racconto *nm* story, tale
raccordo *nm* connection; **raccordo anulare** *nm* ring-road, circle raod
raddrizzare *inf* to straighten
radiestesista *nmf* radiation-beautician
rado: di rado *adv* rarely
raffinato *adj* refined
rafforzare *inf* to strengthen
raffreddarsi *inf ref* to catch cold
raffreddore *nm* cold
ragazza *nf* young girl
ragazzina *nf* little girl
ragazzo *nm* boy; *pl* children
raggio *nm* ray
raggiungere *inf* to reach, arrive at
ragione *nf* reason; **avere ragione** *inf* to be right
rallegramento *nm* congratulations
rallegrare *inf* to make happy
rancore *nm* grudge, rancor
rannicchiarsi *inf ref* to crouch
rapidamente *adv* rapidly
rapido *adj* rapid
rapina *nf* robbery
rapinare *inf* to rob
rapinatore *nm* robber, thief
rappresentare *inf* to represent
raro *adj* rare
rasatura *nf* shaving
rasoio *nm* razor
rassegnato *adj* resigned
rassegnazione *nf* resignation
rata *nf* installment
ravioli *nm pl* ground meat (or cheese) wrapped in pasta "pillows"
re *nm* king
reagire *inf* to react
realizzare *inf* to carry out, to achieve, to have something at one's disposal
realtà *nf* reality
reato *nm* crime

reazione *nf* reaction
recarsi *inf ref* to go
recente *adj* recent
recinto *nm* enclosure, fence, pen, walled enclosure
recipiente *nm* recipient
recitare *inf* to recite; **recitare una parte** *inf* to play a role
refurtiva *nf* stolen goods
regalasi to be given away
regalo *nm* gift; **in regalo** as a gift
reggere *inf* to hold
reggimento *nm* regiment
regia *nf* direction (cinematic)
régime *nm* (*French*) regime, government
regina *nf* queen
regionale *adj* regional
regione *nf* region
registrato *adj* registered
regolamento *nm* settling; **regolamento di conti** a squaring of accounts
regolarmente *adv* regularly
reinventare *inf* to re-invent
relativo *adj* relative
relazione *nf* report, relation
religioso *adj* religious
remo *nm* oar
rendere *inf* to yield, render, make
rendersi: rendersi conto di *inf ref* to become aware of
rendimento *nm* yield, returns
resa *nf* surrender, return; **bottiglia senza resa** *nf* no-return bottle
residente *adj* residing
residenziale *adj* residential
reso *pp v* see **rendere**
respirare *inf* to breathe
responsabilità *nf* responsibility
restare *inf* to remain
resti *nm pl* remains
restituire *inf* to give back
resto *nm* rest
restringersi *inf ref* to shrink
restrinsero *pa v* see **restringersi**
resuscitato *nm* resuscitated person

rete *nf* net
riaggiustare *inf* to fix
riaperto *pp v* see **riaprire**
riaprire *inf* to re-open
riassettare *inf* to rearrange, to put into order again
ribellarsi *inf ref* to rebel
ricambio *nm* spare part
ricavare *inf* to draw, obtain, get
ricco *adj* rich
ricerche *nf pl* research
ricetta *nf* recipe
ricevere *inf* to receive
ricevimento *nm* reception
richiedere *inf* to demand, require, need, call for
richiese *pa v* see **richiedere**
richiesta *nf* request
richiesto *adj* requested; *pp v* see **richiedere**
ricominciare *inf* to start again
riconoscere *inf* to recognize
riconoscimento *nm* recognition
ricoperto *adj* covered
ricoprire *inf* to cover, to cover again
ricordare *inf* to remember
ricordo *nm* remembrance, memory, souvenir
ricorre *pres v* see **ricorrere**
ricorrere *inf* to occur, fall, happen, recur
ricostruire *inf* to reconstruct
ricotta *nf* ricotta cheese
ricoverare *inf* to hospitalize
ridere *inf* to laugh
ridicolo *adj* ridiculous; **messa in ridicolo** see **mettere**
ridotto *pp v* see **ridurre**
ridurre *inf* to reduce
riduzione *nf* discount, reduction
riempire *inf* to fill
rientrare *inf* to re-enter, come back, return
riescano: *pres subj v* see **riuscire**
riesce *pres v* see **riuscire**
rifare *inf* to re-do
riferire *inf* to refer
rifiutarsi *inf ref* to refuse
rifugiarsi *inf ref* to take refuge
riga *nf* line

rigirare *inf* to re-circle the area
rimanere *inf* to remain
rimarrà *fut* see **rimanere**
rimarrete *fut v* see **rimanere**
rimase *pa v* see **rimanere**
rimasto *pp v* see **rimanere**
rimborso *nm* repayment
rimedio *nm* remedy
rimpianto *nm* mourning, lamenting, bewailing
rinchiuso *adj* closed up, locked in
rinforzato *adj* reinforced
ringraziare *inf* to thank
rinnovato *adj* renovated
rinnovatore *adj* renewing
rinomato *adj* famous
rinunciare *inf* to renounce, give up
rinvenimento *nm* discovery
rinvio *nm* postponment
rio *nm* rivulet, brook, stream
Rio Bo *nm imaginary Italian town*
ripensare *inf* to think about again
ripescare *inf* to fish out
ripeschi *imperat v* see **ripescare**
ripetere *inf* to repeat
riportare *inf* to bring back, suffer
riportato *adj* carried over, totalled, mentioned, reported
riposare *inf* to rest
riposarsi *inf ref* to rest
riposo *nm* rest; **a riposo** *adj* retired
riprendere *inf* to start again
ripresa *nf* renewal, revival, recovery
risaltare *inf* to jump, leap
risata *nf* laugh
riscaldare *inf* to heat
rischiare *inf* to risk
rischio *nm* risk
riservatezza *nf* reserve, discretion
riso *nm* rice
risolto *pp v* see **risolvere**
risolvere *inf* to solve, resolve
risotto *nm* risotto, rice with sauce

risparmiare *inf* to save
rispettivo *adj* respective
rispetto *prep* in respect to
risplendere *inf* to shine, sparkle, glitter
rispondere *inf* to answer
rispose *pa v* see **rispondere**
risposi *pa v* see **rispondere**
risposta *nf* answer
rissa *nf* fight, brawl
ristorante *nm* restaurant
ristretto *adj* scanty, limited, reduced
risultare *inf* to result
risultato *nm* result
ritirare *inf* to withdraw, take out
ritiro *nm* retirement, withdrawal
ritmo *nm* rhythm
rito *nm* rite
ritornare *inf* to return
ritorno *nm* return trip, return; **andata e ritorno** see **andata**
ritrovare *inf* to find again
ritrovarsi *inf ref* to meet again
ritrovo *nm* meeting place, reunion, gathering
ritto *adj* upright
riuscire *inf* to be successful, to succeed
riuscita *nf* result, success
riva *nf* river bank, shore
rivedere *inf* to see again
rivedersi *inf ref* to see each other again, to meet again
rivelare *inf* to reveal
rivelatore *adj* revealing
rivenditore *nm* retailer, small shop keeper
rivestito *adj* clothed, re-dressed
rivista *nf* magazine, journal
rivisto *pp v* see **rivedere**
rivolgersi *inf ref* to apply, refer
rivoltare *inf* to turn over
roccia *nf* stone, rock
romano *adj* Roman, *nm* Roman
romanzo *nm* novel
rompere *inf* to break
rondine *nf* swallow
rondinella *nf* swallow
rosa *nf* rose
roseo *adj* rose-colored, rosy

rosolare *inf* to brown
rosone *nm* rosette, rose window, ceiling rose
rospo *nm* toad
rosso *adj* red
rotella *nf* wheel; **sedia a rotelle** *nf* wheel chair
rotolare *inf* to roll
rotondità *nf* roundness
rotondo *adj* round
rotto *pp v* see **rompere**
rovesciare *inf* to upset, overturn
rovescio *nm* heavy shower
rovinare *inf* to ruin
rubare *inf* to steal
Rumeno *nm* Rumanian
rumore *nm* noise
ruota *nf* wheel
ruppe *pa v* see **rompere**
ruscello *nm* brook, stream

S

sa *pres v* see **sapere**
sabato *nm* Saturday
sacco *nm* sackful, a lot, bag, sack; **sacco a pelo** *nm* sleeping bag
sacro *adj* sacred
Sagittario *nm* astrological sign of Sagittarius
saio *nm* habit, monk's garb
salame *nm* salami sausage
salare *inf* to salt
salato *adj* salty
salatura *nf* salting
saldare *inf* to settle, pay
sale *nm* salt
saliera *nf* salt-cellar
salma *nf* corpse, remains
Salomè *nf* Salome
salone *nm* reception room, ballroom
salotto *nm* living room
salsa *nf* sauce
salsetta *nf* juice, sauce
salsiccia *nf* sausage
saltare *inf* to jump, skip
salto *nm* jump

salutare *adj* healthful, wholesome, beneficial; *inf* to greet

saluto *nm* greeting

salvare *inf* to save, conserve, rescue

salvatore *nm* saviour

salvo *prep* excepting

sandalo *nm* sandal

San Giovanni *nm* St. John

San Giuseppe *nm* St. Joseph

sangue *nm* blood

sanitario *nm* physician; *adj* medical

sanno *pres v* see **sapere**

San Pietro *nm* St. Peter

santo *nm* saint; *adj* saint

sapere *inf* to know

sapiente *adj* wise

sapienza *nf* wisdom

sapore *nm* taste

sappiamo *pres v* see **sapere**

sapranno *fut v* see **sapere**

saprei *cond v* see **sapere**

sarà *fut v* see **essere**

saranno *fut v* see **essere**

sardella *nf* sardine

sarebbe *cond v* see **essere**

sarò *fut v* see **essere**

Saturno *nm* Saturn

sazio *adj* full, satiated

sbagliare *inf* to make a mistake

sbaglio *nm* mistake

sbarcare *inf* to disembark

sbattere *inf* to beat

sberleffi: fare gli sberleffi *inf* to make faces

sbriciolare *inf* to reduce to crumbs, to crumble

sbucciare *inf* to peel

sbuffare *inf* to pant, puff

scacciare *inf* to drive away

scaldarsi *inf ref* to warm oneself

scambiare *inf* to exchange

scambio *nm* exchange

scandalo *nm* scandal

scapola *nf* scapula, shoulder blade

scappare *inf* to escape, to run away

scatola *nf* box, can

scatto: di scatto *adv* suddenly

scavare *inf* to dig out

scegliere *inf* to select

scelta *nf* choice, selection

scelto *adj* selected

scena *nf* scene

scendere *inf* to get out of a car, bus, cab, etc., to descend

sceneggiatura *nf* scenario, arrangement of scenes

sceso *pp v* see **scendere**

scheletro *nm* skeleton

schermo *nm* movie screen

scherzare *inf* to joke

scherzosamente *adv* jokingly

schiacciare *inf* to mash, smash, squash

schiudersi *inf ref* to open

schiuma *nf* foam

sci *nm* skiing

scientifico *adj* scientific

scienza *nf* science

sciogliere *inf* to melt

sciroppo *nm* syrup

scolare *inf* to drain

scolaro *nm* scholar

scolastico *adj* scholastic

scolpito *adj* sculptured

scompaiano *pres subj v* see **scomparire**

scomparire *inf* to disappear, die

scomparsa *nf* disappearance, death

scomparso *pp v* see **scomparire**; *adj* missing, disappeared

scontento *adj* unhappy

sconto *nm* discount

sconvolgente *adj* upsetting, disturbing

scopa *nf* broom

scope *abbr* cinemascope

scoperta *nf* discovery

scoperto *ppv* see **scoprire**; *adj* uncovered

scopo *nm* goal, end

scoprire *inf* to discover

scordare *inf* to forget

scoria *nf* slag, scum, dross, waste material

scorpacciata *nf* bellyfull

Scorpione *nm* astrological sign of Scorpio

scorso *adj* past

scrisse *pa v* see **scrivere**

scritto *pp v* see **scrivere**

scrittore *nm* writer

scrivere *inf* to write

scrupolosità *nf* scrupulosity

scudetto *nm* championship shield

scuola *nf* school

scuotere *inf* to shake, stir, buffet

scuro *adj* dark

scusa *nf* excuse

sdentato *adj* toothless

se *conj* if

sé *ref pron* himself, herself, itself

seccato *adj* dried

secco *adj* dry

secessione *nf* secession

secolo *nm* century

seconda: a seconda *prep* according to

sedano *nm* celery

sede *nf* center, seat

sedersi *inf ref* to sit down

sedia *nf* chair

seduta *nf* seance

segnale: segnale orario *nm* radio and TV time signals

segnare *inf* to indicate

segno *nm* sign

segreteria *nf* secretary's office; secretariat

segretissimo *adj* very secret, top secret

segreto *adj* secret

seguente *adj* following

seguire *inf* to follow, use

seguitissimo *adj* very much in use

seguito *pp v* see **seguire**; *nm* consequence; **via di seguito** and so on and so on; **in seguito** as a consequence; **a seguito di** because of, due to

sei *pres v* see **essere**

selezionato *adj* selected

semaforo *nm* traffic light

sembrare *inf* to seem, appear

seme *nm* seed

semita *adj* Semite

semplicemente *adv* simply

semplicissimo *adj* very simple

semplicità *nf* simplicity

sempre *adv* always

sensazione *nf* sensation, *feeling*

sensibile *adj* sensitive

sensitivo *adj* sensitive

senso *nm* sense, direction: **in senso proprio** literally; **in senso figurato** figuratively

sensualità *nf* sensuality

sentimentale *adj* sentimental

sentire *inf* to hear, feel, smell

sentirsi *inf ref* to feel, hear oneself

sentito *adj* sincere, heart-felt

senza *prep* without

sepolcro *nm* sepulchre

sepolto *adj* buried

seppia *nf* cuttle fish

seppiolina *nf* small cuttle fish

sequenza *nf* sequence

sera *nf* evening; **in sulla sera** *adv* at dusk; **si fa sera** see **farsi sera**

serata *nf* evening (in its duration)

serbatoio *nm* tank

sereno *adj* serene, calm

sergente *nm* sergeant

serie *nf* series

serietà *nf* seriousness

serio *adj* serious; **sul serio** seriously

servire *inf* to be of use, to serve

servizio *nm* service; **piatto di servizio** *nm* serving dish

setacciare *inf* to sift

setaccio *nm* sieve

sete *nf* thirst

sette *adj* seven

settembre *nm* September

settimana *nf* week

settimanale *adj* weekly

sfidare *inf* to challenge, dare

sfigurare *inf* to make a bad impression, to cut a bad figure

sfiorare *inf* to graze, skim, touch lightly

sfoglia *nf* sheet of pasta

sfogliare *inf* to leaf through

sfogliatina *nf* small thin puff

sfondato *adj* broken down, smashed

sfortunato *nm* unfortunate one, wretch

sgocciolare *inf* to drain

sgradevole *adj* unpleasant

sí *excl* yes

sia . . . che *conj* both . . . and; **sia pure** be it even

siamo *pres v* see **essere**

Sicilia *nf* Sicily

sicurezza *nf* assuredness, certainty

sicuro: al sicuro *adv* in safety; *adj* sure, safe

siedono *pres v* see **sedersi**

siete *pres v* see **essere**

sig.: *abbr* **signore** *nm* gentleman

sigillato *adj* sealed

significare *inf* to mean; *nm* meaning

signora *nf* married woman

signore *nm* gentleman, sir

Signore: il Signore *nm* Christ

signorilità *nf* distinction, courtliness

signorina *nf* single girl, unmarried woman

silenzio *nm* silence

silenzioso *adj* silent

simboleggiare *inf* to symbolize

simbolico *adj* symbolic

simbolo *nm* symbol

simile *adj* similar

simpatico *adj* pleasant, agreeable, likeable

simulazione *nf* simulation

sin see **sino, fino**

singolarità *nf* peculiarity, strangeness, oddness

sinistra *nf* left

sinistro *adj* left

sino see **fino**

sinonimo *nm* synonym

S.I.P.: *abbr* **Società italiana per l'esercizio telefonico** Italian Telephone Company; **Società italiana pubblicitaria** Italian Advertising Association

sistema *nm* system

sistemare *inf* to put in place, to arrange, to systematize

sistemato *adj* organized

Sisto *nm* Sixtus

sito *nm* site

situato *adj* situated

situazione *nf* situation

slegare *inf* to untie

smarrito *adj* lost

smettere *inf* to cease, stop

smise *pa v* see **smettere**

smisurato *adj* exaggerated, out of proportion

so *pres v* see **sapere**

soave *adj* sweet, soft, gentle

sociale *adj* social

società *nf* society

socio *nm* member

soddisfare *inf* to satisfy

soddisfazione *nf* satisfaction

sodio *nm* sodium

sofferenza *nf* suffering

soffitta *nf* garret, attic

soggiorno *nm* stay, visit

sogno *nm* dream

soja *nf* soy

solare *adj* solar

soldato *nm* soldier

soldi *nm pl* money

soldino *nm* small coin

sole *nm* sun

solidarietà *nf* solidarity

solitario *adj* solitary

solito: di solito, al solito *adv* usually; *adj* usual

solitudine *nf* solitude

sollecitamente *adv* promptly, quickly

sollevare *inf* to life

solo *adv* alone; **da solo:** alone, without help, by oneself

soltanto *adv* only

solubile *adj* soluble

soluzione *nf* solution

somigliare *inf* to resemble

somma *nf* sum

sommariamente *adv* summarily, briefly

sommerso *adj* submerged

sonno *nm* sleep

sonnoipnotico *adj* hypnotic

sono *pres v* see **essere**

sopportabile *adj* bearable

sopportare *inf* to suffer, to put up with

sopra *adv* above

soprattutto *adv* above all

sordo *nm* deaf man

sorella *nf* sister

sorgere *inf* to arise

sorprendere *inf* to surprise

sorpreso *pp v* see **sorprendere**

sorridere *inf* to smile

sorto *pp v* see **sorgere**

sorveglianza *nf* surveillance

sospettare *inf* to suspect

sospetto *adj* suspected

sospettoso *adj* suspicious

sospiro *nm* sigh

sostantivo *nm* noun

sostanza *nf* substance

sostituire *inf* to substitute

sotterraneo *adj* underground

sotto *prep* under

sottocutaneo *adj* under the skin

sottolineato *adj* underlined

sottoporre *inf* to subjugate, suppress

sottoporrete *fut v* see **sottoporre**

sottostare *inf* to submit, yield

sovrano *nm* sovereign

sovvenire *inf* to help, assist

S.p.A.: *abbr* **Società per Azioni** *nm* joint stock company

spada *nf* sword

spaghetti *nm pl* spaghetti

spalancare *inf* to throw open

spalancato *adj* wide open

spalla *nf* shoulder

spargere *inf* to sprinkle

sparire *inf* to disappear

spasso: a spasso *prep phr* having fun, amusement, recreation

spazio *nm* space

speciale *adj* special

specialista *nm* specialist

specialità *nf* specialty

specializzarsi *inf ref* to specialize

specializzazione *nm* speciality, specialization

specie *nf* kind; *adv* especially

specifico *adj* specific

spedire *inf* to send

spegnersi *inf ref* to pass away

spellare *inf* to skin

spento *pp v* see **spegnersi**; *adj* dull, lifeless

speranza *nf* hope

sperare *inf* to hope, to expect

spesa *nf* expense, expenditure, spending

spessore *nm* thickness

spettacolare *adj* spectacular

spettacolo *nm* spectacle, show

spettatore *nm* spectator

spezia *nf* spice

spezzare *inf* to break in two

spiccare: spiccare un salto *inf* to take a leap

spiccato *adj* striking, strong

spiedino *nf* small spit, spear

spiegare *inf* to explain

spiegarsi *inf ref* to explain oneself

spietato *adj* pitiless

spinaci *nm pl* spinach

spinare *inf* to bone

spinta *nf* shove

spintone *nm* hard shove

spirare *inf* to expire, die

spirito *nm* spirit, ghost

splendido *adj* splendid

spogliare *inf* to strip, divest, deprive, despoil

spogliarello *nm* striptease

spontaneamente *adv* spontaneously

sporgersi *inf ref* to lean out, over

sportello *nm* teller's window

sportivo *adj* sporting

sposa *nf* bride

sposare *inf* to marry

sposarsi *inf ref* to get married

sposo *nm* groom

sprecare *inf* to waste; **nulla va sprecato** nothing is to be wasted

spruzzare *inf* to spray, sprinkle

spuntare *inf* to sprout, appear, begin

spuntino *nm* snack

spurgato *adj* purged, cleaned out

sputo *nm* spit, spitting

squadra *nf* team

Squarciarelli *restaurant in the Castelli romani*

squillo *nm* shrill noise, sharp noise

squisito *adj* exquisite

sta *pres v* see **stare**

stabilimento *nm* factory, plant

stabilire *inf* to establish, get straight

stagione *nf* season; **fuori stagione** see **fuori**

stalla *nf* stable, barn, cowshed

stamane *adv* this morning

stampare *inf* to print

stangata *nf* (film) sting

stanno *pres v* see **stare**

stanza *nf* room

stare *inf* to be; **stare per** *inf* to be about to

starò *fut v* see **stare**

statale *adj* state, public

Stati Uniti *nm pl* United States

stato *pp v* see **essere, stare**; *nm* state

statua *nf* statue

stazione *nf* station

stecco *nm* stick

stella *nf* star

stenosi *nm* stenosis

stesso *adj* same; **sé stesso** *pron* oneself

stile *nm* style

stirare *inf* to iron

stizza *nf* ire

sto *pres v* see **stare**

stoino *nm* doormat

storia *nf* history

storico *adj* historic

strada *nf* road, street

stragrande *adj* very large, huge

stranezza *nf* strangeness

straniero *adj* foreign

strano *adj* strange

straordinario *adj* extraordinary

strappare *inf* to rip, tear

strato *nm* layer

strega *nf* witch

stretto *adj* tight

strumento *nm* instrument;
  strumento a corde stringed
  instrument

studente *nm* student

studiare *inf* to study

studio *nm* office, study

stufa *nf* stove

stuoia *nf* mat

stuoiaio *nm* maker of (straw)
  mats

stupidità *nf* stupidity

stupido *nm* idiot, stupid one,
  dummy, fool

su *adv* up; *prep* upon

sua *poss adj* his, her, its

subito *adv* suddenly,
  immediately, soon, quickly

succedere *inf* to happen

successivamente *adv*
  successively

successo *pp v* see **succedere;** *nm*
  success

suddetto *adj* above-mentioned

suddiviso *adj* divided

sudista *nm* rebel (of the U.S.
  Confederate Army)

sudore *nm* sweat

sufficiente *adj* sufficient,
  enough

suggerire *inf* to suggest

sughero *nm* cork

sugo *nm* sauce, juice

suo *poss adj* his, her, its

suoi *poss adj* her, his, its

suono *nm* sound

superare *inf* to surmount, to get
  over, pass, to exceed

superbo *adj* haughty

superficie *nf* surface

superiore *adj* superior

superlativo *nm* superlative

superstizione *nf* superstition

supremo *adj* supreme

suscitare *inf* to provoke, cause,
  stir up

sussurrare *inf* to whisper

svago *nm* amusement, hobby,
  relaxation, diversion

svaligiare *inf* to rob

svedese *adj* Swedish

svegliare *inf* to wake up,
  awaken

svegliarsi *inf ref* to wake up

svelare *inf* to reveal

svelto *nm* quick, foxy, clever
  person

sventare *inf* to thwart, foil

sviluppare *inf* to develop

sviluppo *nm* development

svolgere *inf* to carry out

T

tabú *nm* taboo

taccuino *mn* notebook

taglia *nf* size, cut, dimensions,
  stature

tagliando *nm* coupon

tagliare *inf* to cut

taglio *nm* cutting, cut

tal(e) *adj* such

talvolta *adv* sometimes, at times

tanti (-e) *adj* many

tanto: tanto . . . quanto *adj* as
  much as; **tanto** *adj* so much;
  ogni tanto *adv* every now and
  then; **di tanto in tanto** *adv*
  every now and then

tappo *nm* plug, cap, cork; **tappo
  a vite** cap with threads for
  screwing

tardi *adv* late

tardo *adj* late

targa *nf* license plate, tag

tartaro *adj* tartar

tartufo *nm* truffle, mushroom

tasca *nf* pocket

tassa *nf* tax

tassista *nm* cabbie, taxi driver

tatuaggio *nm* tatoo

tavola *nf* table; **tavola calda** hot
  foods buffet

tazza *nf* cup

tazzina *nf* small cup, demi-tasse

teatro *nm* theatre

techn: *abbr* **tecnicolore** *nm*
  technicolor

tecnico *adj* technical

tedesco *nm* German

tegame *nm* pan, sauce pan

teglia *nf* baking dish, baking
  pan, pie dish

tel: *abbr* **telefono** *nm* telephone

telefonare *inf* to call on the
  telephone

telefonico *adj* of the telephone,
  by telephone

telefono *nm* telephone

telegiornale *nm* T.V. news
  program

televisione *nf* television

tellina *nf* cockle

tema *nm* theme

temere *inf* to fear

temperatura *nm* temperature

tempo *nm* time, weather, tense;
  per tempo early

temporale *nm* storm

temporalesco *adj* stormy

temporanea *adj* temporary,
  transitory

tenda *nf* tent

tenente *nm* lieutenant

tenenza *nf* military district,
  keeping, holding

tenere *inf* to hold, keep; **tenere a**
  inf to think, consider
  something to be important or
  dear; **tenere conto di** *inf* to
  take into account or
  consideration

tenerezza *nf* tenderness

tenero *adj* tender

tengono *pres v* see **tenere**

tenue *adj* slender

tenuta *nf* estate, farm, ranch

terapeuta *nm* therapeutist

terapia *nf* therapy

terminare *inf* to end

termine *nm* term

termometro *nm* thermometer

terra *nf* land

terracotta *nf* baked earthenware

terrena *adj* earthly, worldly

terreno *nm* land

terrorizzato *adj* terrorized

terzo *adj* third
teschio *nm* skull
teso *adj* tight, taught, strained
tessera *nf* membership card, i.d. card
testa *nf* head
testimonio *nm* witness
testo *nm* text
tetto *nm* roof
tibia *nf* tibia, leg bone
tiene *pres v* see **tenere**
timidamente *adv* timidly
timo *nm* thyme
tinca *nf* tench (fish)
tipico *adj* typical
tipo *nm* type
tirare *inf* to throw, blow, pull
titolo *nm* title
tizio *nm* chap, character
toccare *inf* to touch
tocco *nm* touch
tocoferolo *nm* tocopherol
togliere *inf* to remove, take away
tomba *nf* tomb
tonno *nm* tuna
tono *nm* tone
tornare *inf* to return
Toro *nm* astrological sign of Taurus
torre *nf* tower
torrenziale *adj* torrential
torta *nf* cake
tostare *inf* to toast
totalmente *adv* totally
tovagliuolo *nm* napkin
tozzo *nm* crust, piece
tra: tra sé *prep phr* to herself
tradire *inf* to betray
tradizione *nf* tradition
traduciamo *pres v* see **tradurre**
tradurre *inf* to translate
traduzione *nf* translation
trafitto *adj* transfixed, stabbed, pierced
tragico *adj* tragic
tram *nm* street car
trama *nf* plot
tramonto *nm* sunset
trampolino *nm* diving board
trance *nm* trance
tranne *prep* except

tranquillo *adj* calm, peaceful, tranquil
trarre *inf* to draw, receive
trasandato *adj* slovenly, sloppy
trascinare *inf* to drag, tow
trascorrere *inf* to pass
trascurare *inf* to neglect
trasferimento *nm* transfer (of a property right)
trasferire *inf* to transfer
trasmettere *inf* to transmit
trasmissione *nf* transmission
trasportare *inf* to transport
trattare *inf* to treat
trattarsi *inf ref* to be a matter of, to deal
tratto *pp v* see **trarre**
traversare *inf* to cross
tre *adj* three
trebbiatrice *nf* thresher
treccia *nf* braid
tredicenne *adj* thirteen-year-old
tremare *inf* to tremble
tremendo *adj* tremendous
treno *nm* train
trenta *adj* thirty
trentasei *adj* thirty-six
trentennale *adj* thirty-year
tresette *nm* card game
triangolo *nm* triangle
tribú *nf* tribe
tribunale *nm* court house
trimestre *nm* trimester, period of three months
Trinità dei Monti *nf* church in Rome
trionfare *inf* to triumph
trionfo *nm* triumph
triste *adj* sad
tritato *adj* minced
trito *nm* mincing, minced concoction
triturare *inf* to mince
trofeo *nm* trophy
tropicale *adj* tropical
troppo *adv* too much
trovare *inf* to find, visit
trovarsi *inf ref* to be located, to find oneself
trovata *nf* find
truffatore *nm* swindler, cheater

tuono *nm* thunder
turbato *adj* upset, troubled, disturbed
turbine *nm* whirl, eddy
turismo *nm* tourism
turistico *adj* turistic
tutt'altro *nm* everything but
tuttavia *conj* nevertheless
tutti *pron pl* all, **tutti e tre, due, cinque, ecc** all three, two, five, etc.
tutto: del tutto *adv* completely

U

ubriacare *inf* to make drunk
ubriacarsi *inf ref* to get drunk
uccello *nm* bird
uccidere *inf* to kill
ufficiale *nm* officer; *adj* official
ufficialmente *adv* officially
ufficio *nm* office
uguale *adj* same, equal
ultimo *adj* last
umanità *nf* humanity
umano *adj* human
umido *adj* humid, wet
ungere *inf* to oil, lubricate
unicamente *adv* only, solely, uniquely
unico *adj* only
unione *nf* union
unire *inf* to unite, add
unirsi *inf ref* to unite oneself
unitamente (a) *adv* together with
università *nf* university
unto *adj* oiled; *nm* grease
uomo *nm* man
uova *nf pl* eggs (sing. **uovo**)
uovo *nm* egg (pl. **le uova**)
Urbe *nf* the Eternal City (Rome)
urlare *inf* to yell, scream
usare *inf* to use
usato *nm* used object (i.e. car, merchandise)
uscio *nm* exit, door
uscire *inf* to go out
uso *nm* custom, habit, use

utensile nm utensil

U.T.I.F.: abbr **Uffici Tecnici Imposte Fabbricazione** nm pl Technical Offices for Manufacturing Taxes

utile adj useful

utilizzare inf to utilize

utilizzazione nf utilization

V

va pres v see **andare**

vacanza nf vacation

vado pres v see **andare**

vago adj graceful, pretty

valido adj valid

valore nm value

valuta nf value, currency, money

valzer nm waltz

vaniglia nf vanilla

vanno pres v see **andare**

vantaggio nm advantage

variabile adj variable

variagusto adj composed of **vario** and **gusto**

variare inf to vary, change

varietà nf variety

vario adj varied, various, some, several

vasetto nm small jar, container

vassoio nm tray

vasto adj vast

vaticano adj of the Vatican, Vatican

vattene imperat v see **andare**

vecchia nf old lady

vecchio adj old

veccia nf vetch

ved.: abbr **vedova** nf widow

vedere inf to see

vedova nf widow

vedrà fut v see **vedere**

vedrai fut v see **vedere**

vedranno fut v see **vedere**

vegetale adj vegetable

veggente nf seer, prophetess

veloce adj fast, rapid

vendemmia nf grape harvest

vendemmiato adj harvested

vendere inf to sell

vendesi for sale

vendetta nf revenge

vendita nf sale

venerdí nm Friday

vengano pres subj v see **venire**

vengono pres v see **venire**

venire inf to come; **venir fuori** inf to emerge, to come out

venne pa v see **venire**

vennero pa v see **venire**

ventimila adj twenty-thousand

ventisette adj twenty-seven

vento nm wind

venuto pp v see **venire**

veramente adj truly, really

verbo nm verb

verde adj green

verdura nf vegetables, greens

Vergine nf virgin; astrological sign of Virgo

verità nf truth

vero adj true

verrete fut v see **venire**

verrò fut v see **venire**

versamento nm payment

versare inf to pour

versione nf version, model

verso adv around, about, circa; prep toward

vertebra nf vertebra

verticale adj vertical

veste nf quality, appearance

vestito nm dress, suit; adj dressed

vetro nm pane of glass, glass

vetroso adj glassy

vettura nf car, wagon

via adv away; nf way, road; **via di seguito** and so on and so on; **e cosí via** see **cosí**

viaggio nm trip; **viaggio di nozze** nm honeymoon

vicenda nf happening, event

vicinanza nf proximity, vicinity

vicino adv near; nm neighbor

viene pres v see **venire**

vieni pres v see **venire**

viet.: abbr **vietato** adj forbidden

vietare inf to prohibit

vigile adj watchful, alert, vigilant; nm policeman

vigilia nf eve

vigna nf vineyard

vigneto nm vineyard

vignetta nf vignette

vigoroso adj vigorous

vile adj vile

villa nf villa, house

villeggiatura nf vacation

vincere inf to win

vinicolo adj wine

vino nm wine

vinse pa v see **vincere**

vinto pp v see **vincere**

violentare inf to rape

violenza nf violence

Virgilio nm classical Roman poet (70–19 b.c.), Vergil

visita nf visit

visitare inf to visit

viso nm face

visse pa v see **vivere**

vissuto pp v see **vivere**

vista nf view, sight; **a prima vista** see **prima**

visto pp v see **vedere**

vita nf life

vitale adj vital

vite nf vine; **tappo a vite** see **tappo**

vitello nm veal

vittima nf victim

vittorioso adj victorious

vivace adj vivacious

vivamente adv deeply

vivere inf to live

vivó adj bright, animated

vivrà fut v see **vivere**

v.le: abbr **viale** avenue

vocabolario nm dictionary, vocabulary list

voce nf voice, verb tense

voglia nf desire, craving

vogliamo pres v see **volere**

vogliate imperat v see **volere**

voglio pres v see **volere**

vogliono pres v see **volere**

volare inf to fly

volere inf to want, desire; **voler dire** inf to mean; **volerci poco** inf little to be necessary; **voler bene** inf to love

volgere inf to change

volle *pa v* see **volere**
volontà *nf* will, desire
volpina *nf* Pomeranian dog
volta *nf* time; **una volta che**
once; **a volte** at times
voltare *inf* to turn over
voltarsi *inf ref.* to turn over
volto *nm* face
volume *nm* volume
vongola *nf* hen clam
vorresti *cond v* see **volere**
vuoi *pres v* see **volere**

vuol(e) *pres v* see **volere; vuol**
dire see **volere**
vuoto *adj* empty

W

west.: *abbr* western (movie)

Y

yogurt *nm* yoghurt

Z

zampa *nf* paw, animal's foot;
zampe all'aria *adv* lying on
one's (its) back
zampamica *nf* animal lover
zio *nm* uncle
zodiacale *adj* zodiacal
zona *nf* zone, area
zucca *nf* pumpkin, gourd
zucchero *nm* sugar
zucchino *nm* zucchini squash